方圆定乾坤·舍得赢天下 | 系列丛书

股权大布局

让合伙更长久，让企业更值钱

方富贵◎著

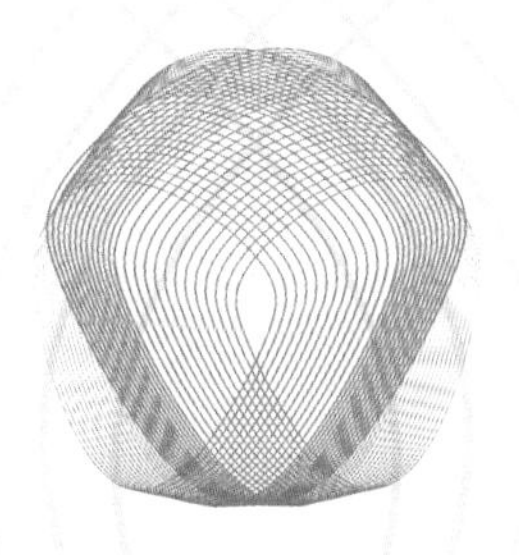

BIG LAYOUT OF EQUITY

股权布局是企业顶层设计中不容忽视的关键因素，合理的股权布局可以让企业在激烈的竞争中脱颖而出。本书以“七堂课”的形式呈现在读者面前，包括股权初认识、股权架构、股权激励、股权退出、股权融资、股权投资和股权信托等内容，旨在强化企业对股权的认识，帮助企业做好股权架构，增强企业运用资本的能力。

中小企业和民营企业的创始者、经营者、管理者，只有打造好企业的命运共同体，才能挖掘企业发展的潜质；只有做好顶层设计和股权布局，企业才会基业长青。本书特别适合创业者和成长型企业的法定代表人、总经理等企业所有者和管理者阅读。

图书在版编目（CIP）数据

股权大布局／方富贵著．—北京：机械工业出版社，2019.3

ISBN 978-7-111-62107-2

Ⅰ．股…　Ⅱ．①方…　Ⅲ．①股权管理－研究　Ⅳ．①F271.2

中国版本图书馆CIP数据核字（2019）第035747号

机械工业出版社（北京市西城区百万庄大街22号　邮政编码100037）
策划编辑：康会欣　　责任编辑：康会欣
责任校对：刘晓宇　　责任印制：夏淑媛
装帧设计：MXK设计工作室
北京汇林印务有限公司印刷
2019年3月第1版·第2次印刷
145mm×210mm·8印张·158千字
标准书号：ISBN 978-7-111-62107-2
定价：59.00元

凡购本书，如有缺页、倒页、脱页，由本社发行部调换

电话服务	**网络服务**
社服务中心：(010)88361066	教 材 网：http://www.cmpedu.com
销 售 一 部：(010)68326294	机工官网：http://www.cmpbook.com
销 售 二 部：(010)88379649	机工官博：http://weibo.com/cmp1952
读者购书热线：(010)88379203	**封面无防伪标均为盗版**

推荐序一

股权的本质就是股东权益，股东在享有股东权利的同时，还应当承担股东的义务，充分体现了权利与义务的对等性和一致性。股权可以进行交易，就是我们常说的股权投融资，它是多层次资本市场中的一个环节。

2013 年《政府工作报告》，我国首次提出要加快发展多层次资本市场："深化金融体制改革，健全促进实体经济发展的现代金融体系，提高银行、证券、保险等行业竞争力，加快发展多层次资本市场。"

自此，每年的《政府工作报告》都有提及多层次资本市场改革或发展。2014 年，"加快发展多层次资本市场，推进股票发行注册制改革，规范发展债券市场。"2015 年，提及内容较为丰富，包括："加强多层次资本市场体系建设，实施股票发行注册制改革，发展服务中小企业的区域性股权市场，开展股权众筹融资试点，推进信贷资产证券化，扩大企业债券发行规模，发展金融衍生品市场"。2016 年，"推进股票、债券市场改革和法治化建设，促进多层次资本市场健康发展，提高直接融资比重。"2017 年，"深化多层次资本市场改革，完善主板市场基础性制度，积极发展创业板、新三板，规范发展区域性股权市场。"2018 年是金融严监管的一年，仅提出"深化多层次资本市场改革，推动债券、期货市场发展"，强调"强化金融监管统筹协调，健全对影响子银行、互联网金融、金融控股公司等的监管，进一步完善金融监管。”

2018年3月2日，中国保监会发布《保险公司股权管理办法》，在股权结构、资金来源以及实际控制人等方面，对保险公司实施穿透式监管。强化对投资人背景、资质和关联关系穿透性审查，将一致行动人纳入关联方管理，明确可以对资金来源向上追溯认定，以有效解决隐匿关联关系、隐形股东、违规代持等问题。这就是我们通常所说的“穿透性”审查。虽然以前也有，但现在扩大了适用范围，这是一个趋势。中国证监会2017年开始对申请IPO的企业中的“三类股东”（契约型私募基金、资产管理计划、信托计划三类股东）进行清理，都是为了达到穿透式监管之目的。

我们在进行公司股权架构布局时往往采取一定的措施来规避投资人数量限制等法律风险，但这里需要提醒的是，要注意政府监管部门对股权架构进行穿透式监管。同时，司法机关也会依据穿透原则对规避投资者限制的行为进行认定，从而导致股权架构布局时所采取的规避措施失效。

不久前，方富贵主任找到我，请我给他带领的首特团队编写的《股权大布局》写序。我很高兴地答应下来，就用以上对股权的粗浅看法和体会，权且作为本书的序！

中国中小企业协会会长

2019年2月18日

推荐序二

不同的时代，获取财富的来源方式是不同的。农业时代靠土地，工业时代靠资本和技术，商业时代靠信息和人脉。拥有什么时代的资源，就拥有什么时代的财富，而在互联网时代和移动互联网时代，尤其是步入物联网时代之后，资源正从有形向无形转化。

当下，我国的经济模式正在发生巨变。在计划经济时代，你只需会管理，企业就能够生存，而且企业的发展还不错；在市场经济时代，你具备了管理和经营的能力，企业也能够发展得不错；而进入目前的资本经济时代，如果你仅仅具备管理和经营的能力，恐怕你的企业很难生存下去，发展就成了一种奢望。因此，在资本经济时代，你还必须具备战略、资本等运营的能力，你的企业才有可能生存和发展下去。

对企业而言，战略和资本的本质是金融。金融是国家的核心竞争力之一，是国家安全的支撑。金融是实体经济的血脉，是企业赖以生存的基础。金融强，则国家强！什么是金融？简单地说，金融就是融资和投资的统称。资金是企业的生命线。在我国，企业的融资方式较为单一，银行贷款是最常用的方式。而本书所言的金融，主要是针对股权融资和投资的。融资与投资之间的关系是什么？是先融资后投资还是先投资后融资呢？我认为早融早投，晚融晚投，不融不投！换句话说，有了企业的融资在先，才会有投资人的投资在后。股权架构是否合理左右着融资的效果，决定着投资的方向。打开本书，相信你会找到其中的答案。

新时代来了，经济模式变了，企业的竞争方式也随之改变。尤其是党的十九大以来，我国正在经历结构转型的机遇期，未来的中国必将发生巨大的变化，因此，我们要深刻理解供给侧结构性改革，理解高质量发展的深刻内涵。当企业由小变大、由多到少、由弱变强，由老板经济变为共享经济、分享经济、模式经济等，我们应改变思维，顺应趋势。

目前，我国已成为全球第二大股权投资市场。2018 年 3 月 23 日，科技部在北京国际会议中心召开新闻发布会并正式发布《2017 年中国独角兽企业发展报告》和《2017 年中关村独角兽企业发展报告》。报告显示，2017 年我国共有 164 家企业估值在 10 亿美元以上，总估值 6284 亿美元。越来越多的中国“独角兽”企业正引发全球风投的关注。人工智能、无人驾驶、互联网 + 工业、5G 等技术以及工业模式的创新、泛娱乐和消费升级等都有望迎来更广阔的发展前景，成为市场投资热点，这些领域也有望涌现更多的“独角兽”企业。

近年来，我国监管部门重点扶持高端制造、云计算、人工智能、生物科技四大高科技行业的“独角兽”企业在国内上市，财务自由的风口由传统的房地产转向股权投资。未来，随着中国“独角兽”企业的不断涌现和发展壮大，政府监管部门对于鼓励“独角兽”企业在国内上市的重大政策变化，一定会催生股权投资领域的新变革与新机遇。

最近，越来越多的人都在讨论一个新概念——“睡后收入”。它与“税后收入”是截然不同的两个概念。“睡后收入”就是不需要花费多少时间和精力，也不需要照看，就可以自动获得的收入，所以，也称为“被动收入”。我们平时上班工作赚的钱叫作“主动收入”或者“职务收入”，一旦停止干活，收入也随即停止了。如果一个人拥有了持续稳定的“被动收入”或者“睡后收入”，就意味着实现了财务自由，其心态就会大不一样了。越来越多的年轻人意识到增加“睡后收入”的重要性，而股权投资是人们获得“睡后收入”的重要途径之一。

时代变了，经济形态变了，资本经济来了，股权时代来了，我国已经进入股权投资的黄金时代！

不忘初心，砥砺前行。在此祝中国中小企业协会连锁经营股权研究中心主任方富贵以及其首特团队在股权大布局中创造辉煌！祝首特团队早日实现自己的使命：“让合伙更长久，让企业更值钱！”

中国政法大学民商经济法学院教授、博士生导师

2019 年 2 月 20 日

推荐序三

认识富贵多年，他的正直善良和勤奋努力给我留下了深刻印象。他在看完我送他的《工业赋能：深度剖析工业互联网时代的机遇和挑战》后，经过交流，提出让我给他的《股权大布局》一书作序，我欣然允诺。

公司是我们进行商业活动的主要载体，股权就是公司的所有权，也是公司发展的根基。15 世纪初的大航海时代，远洋贸易蕴藏着巨大商机。每一次成功的远洋贸易，都能带来巨额利润，一旦船只沉没便会造成倾家荡产。当时公司制还没有出现，从事商业活动的组织形式主要是家族组织，类似于现在的个体工商户，只属于个人或家族所有，在家族内部世代传承。然而，一个家族的力量自然无法应对和承受远洋贸易带来的高风险。

在 1595—1602 年的短短几年中，荷兰在遥远的亚洲国家陆续建立了 14 家航海贸易公司。1602 年 3 月，荷兰的 14 家航海贸易公司进行合并，成立了荷兰东印度公司。多家公司的合并，就产生了股份的概念，公司不再为一个家族所独享，而是多个家族根据股份数额、股权比例来分享公司的所有权，这就是股权的雏形，也由此诞生了历史上第一家股份制公司。荷兰东印度公司凭借创建股份公司制度所蕴含的巨大力量，击败了当时所有的竞争对手。在鼎盛时期，荷兰东印度公司在全球拥有 15000 家分支机构。由此可以看出，股权制度是商业发展史上的一个里程碑，对经济社会发展具有重要作用。

企业家应该有股权思维，这是公司做强的基本逻辑。股权思维就是通过股权架构和股权激励的运作来优化和配置社会资源，实现规模经济财富倍增以及人才聚合的动态过程。

如何做好股权架构和股权激励?《股权大布局》提出了一个重要理念：“方圆定乾坤，做有深度的股权架构；舍得赢天下，做有温度的股权激励”。股权布局中的股权架构，在以法律为基础和边界的前提下应该有深度，才能使企业的组织架构牢固；股权布局中的股权激励，在薪酬为框架和体系的基础上应该有温度，有人文，有关怀，才能为企业吸引和留住人才。

今天，互联网的迅猛发展，不但在生活领域给予我们极大的方便，在工业领域随着两化深度融合的纵深推进也已进入到工业互联网时代，融合发展水平整体向更深层次、更高阶段演进。衷心希望富贵及其团队在研究股权布局的同时，结合互联网时代的潮流，为企业合规提供更高效优质的服务，开创一个更美好的未来!

是为序。

王建伟

信息化资深专家

2019 年 2 月 12 日

目 录

第一堂课　股权初认识

第一节　股权的概念和发展历程

一、股权的概念

股权是股东权益的简称，是指投资人向自然人合伙和企业法人投资而享有的权利，通常包括资产收益权、选举管理权、经营决策权、知情权、优先认股权等。不同于物权和债权，股权是一项独立的权利，是多层次的、动态的权利。总之，股权是股东对其所投资的公司所享有权利和承担义务、负有责任和享有利益的统称。

我国商业环境发展到今天，迎来了共享经济、动态经济、移动互联网时代，尤其是近几年，在“双创”的社会背景下，国内股权投资市场持续升温，政府为引导股权投资市场健康发展，颁布了一系列法规政策加以引导和监管。但是，在现实生活中，我们还看到，很多创业者在成立公司以后，等公司注册完，就把股权放到那里睡大觉，没有把股权拿来做经营。

大家想一想，我们所熟知的知名公司，无论是马云旗下的阿里巴巴还是任正非旗下的华为公司，它们有一个共同特征，就是重视对公司股权的合规和有效使用。那是因为，股权本身就是一种经营资源，股权就是资本。

过去的十年，是房产的时代；而未来的十年，是股权的时代。应该说，我们身处在变化最快的历史时期，“变”才是唯一的不变。凡是我们想得到的，亦正是别人想得到的。如今，创业只要有好的商业模式和点子（idea），风险投资（VC）和私募股权投资（PE）都会给创业者予以支持，通常只需要创业者让渡部分股权。中国已进入股权投资时代，进入多层次资本市场时代。

正是基于这样的历史背景和社会发展潮流，“股权”“股权架构设计”“股权结构设计”等，突然变成了热门词语或流行知识，有一种“一夜春风满城绿”的感觉，各种课程、讲座、培训、咨询等像蛰伏已久的芽苗，绿满了春的大地。因此，如何正确认识股权的重要性以及合规有效利用股权，就显得尤为重要。

二、股权的发展历程

如果说公司是商业活动的载体，那么股权就是公司的所有权。为了让大家对股权有一个全面的认识，我在这里先做一个股权传承的铺垫，讲一个股权发展历程的故事。

被誉为世界上第一家股份有限公司的荷兰东印度公司（Dutch East India Company），它凭借股权制度所带来的巨大力量，成为当时世界上最大的经济体，营业额一度占世界贸易总额的一半。

在15世纪初的大航海时代，能够给人们带来巨大商机的无疑是远洋贸易。这是一项高收益、高风险的活动，每一次成功的远洋贸易，都能给它的主人带来巨额利润，但如果船只沉没在大海里，也足以让一个富裕之家倾家荡产。

当时公司制还没有出现，从事商业活动的组织形式主要有两种：一种组织形式是家族公司，类似于现在的个体工商户，一个公司只属于一个家族，在家族内部世代传承。不同家族之间偶尔也会有合作，但这种合作是松散的、短期的，很难形成长期稳定的结构。另一种组织形式是国家，比如，当时的葡萄牙和西班牙，都是以国家的形式开启了征服海洋的事业，开辟了新航路，开发了美洲大陆。但是，国家行为在当时也有它自己的局限性。

追求财富是人类永恒的主题，最重要的竞争是制度的竞争。荷兰东印度公司横空出世，它所拥有的股份公司制度蕴含着巨大的力量，击败了当时所有的竞争对手。

1602年3月20日，荷兰14家最大的航海公司进行合并并成立了荷兰东印度公司。多家公司的合并，就产生了股份的概念，公司不再为一个家族所独享，而是根据股份数额、股权比例，来分享公司的所有权。后来，人们发现持有股份的人可以不限于这14家公司。于是，荷兰东印度公司向所有的潜在投资人开放了股权，只要是荷兰人就可以成为股东，甚至荷兰政府也成了东印度公司的股东。

这就是历史上第一家股份制公司。它有着得天独厚的优势，甚至连女佣都愿意拿出自己的钱财来购买股份。

第一，股东按照一定的规则来分享收益，实现了相对公平的分配。

第二，有那么多股东，每个股东都会有各自的想法，但这些想法中一个一致的想法就是要盈利，尽可能多地赚钱，为股东带来利润。为了达到这个目的，大家就选出最聪明的人来做董事，让最有能力的人来掌控公司。荷兰东印度公司最鼎盛时期，在全球拥有15000家分支机构，占领了印度尼西亚、好望角、新西兰、巴西、纽约和我国台湾等。郑成功收复台湾时驱逐的荷兰殖民者，其实就是荷兰东印度公司的工作人员。直到1795年法国革命军攻入荷兰后，荷兰东印度公司的经济出现危机，终于在1799年12月31日宣布解散。荷兰东印度公司拥有了长达197年的历史，成为名副其实的百年公司。

从这个故事中可以看出，股权制度本身孕育着巨大力量。通过合理的股权架构和股权激励的设计，可以让你有钱花，也可以让最牛的人来做你的合伙人。因此，企业家要有股权思维，这是公司做强的直线逻辑。股权思维就是通过股权运作来优化和配置社会资源，实现规模经济及财富倍增的过程。一家公司如果不能发挥股权的力量，就等于自动放弃了成功路上最重要的武器。

企业家的股权思维从何而来？那就是学习。学习有3种方式：

吃亏（吃一堑，长一智）、看书、听课。其中，听课可以分为线上、线下听课，线下听课的优势在于形成良好的互动。

作为企业家，学习能力关系着企业的发展速度与生死存亡。正如杰克·韦尔奇所说，“你可以拒绝学习，但你的竞争对手绝对不会。”当然，要理性地看待学习，比如“几分钟教会你股权设计以及投融资”是不现实的。学习是企业家的一种习惯和能力，诚如新东方董事长俞敏洪所言，“作为企业家应该具备四大能力：被信任的能力、有效交流沟通的能力、学习创新的能力以及生死判断的能力。”除了股权思维外，作为企业家，还必须具备互联网思维（比如百丽）、物联网思维（比如京东）、跨界思维（比如美团）、共享经济思维（比如爱彼迎）和法律思维。因此，新时代的企业家要具备懂政治、知法律、用股权、会经济、掌管理、通市场的能力，才能在改革开放的契机中抓住机遇，共同推动中国的改革开放进一步深化，实现中华民族伟大复兴的中国梦。

第二节　股权的重要性

一、股权为什么重要

在第一节我们对股权的概念进行了界定：股权就是股东权益的简称。那么股权到底是什么？可以从以下角度进行解读。

从企业角度来讲，股权就是公司所有权，是公司最核心的资源，也是老板最后的底牌，好比是人的心脏，其重要性不言而喻。

从专业角度来讲，股权涉及公司顶层设计、战略管控、财税处理、企业管理等各个方面，牵一发而动全身，专业性极强。

世界上有一个职业是不计成本的，没日没夜地付出，这个职业就是父母。父母为什么能够对孩子如此地付出又不计回报呢？那就是因为父母知道儿女是自己的，他们甘于为儿女付出。因此，企业家要学会和员工建立长期稳定和统一的利益关系，让员工把企业当成儿女来养，这就用到了股权，涉及用股权关系来解决企业与员工的身份问题。

有了合理的股权关系，就能使员工从一个打工者变成一个企业的经营者，变成企业的拥有者，这是身份转变。很多国外的科技企业，创业者没日没夜地工作，整个创业团队齐心协力，这是什么原因？就是因为他们解决了股权问题，认识到了股权的价值。

再来看看我国历史上的一代天骄成吉思汗。他不识汉字，从漠北草原起家，率20万人的部队纵横天下。他为什么能打下天下？为什么很多不同民族的士兵都愿意追随他？除了他的军事思想、个人魅力以外，其中有一个很重要的原因，就是在打仗的时候，他用利益去引导部下，每当攻下城池以后，就把这座城池分给部下。这些“城池”的利益，换句话说，就是我们今天讲的股权。

企业家要想把企业做好，必须学会处理利益问题，认识到给员工工资只是最基本的，而真正对核心员工有吸引力的，是在好的战略基础上，在好的市场前景基础上，做好利益分配，做好股权架构设计。因此，股权能解决长期合作问题，能解决长期利益问题。股权关系到公司的团队搭建、利益分配与公司治理（包括股东会、董事会、监事会、合伙人委员会、控制权等）。股权架构是公司的地基，如果股权架构不合理，调整起来的成本非常高，也非常困难。

股权是公司创业者的必修课，也是基础课。进行顶层设计，做好股权架构，定目标、定方向，这是做企业的第一步。第二步是设计路径，解决怎么去实现第一步的目标的问题。换句话说，就是站在未来看现在，如何进行股权战略和股权大布局。另外，如果是一家被投资的公司，其股权结构不合理将会严重影响到投资成败以及项目的退出，这是投资人在筛选投资项目时重点关注的指标之一。谁掌握了股权，谁就掌握了致富的捷径；谁掌握了股权，谁就拥有了进入资本市场的敲门砖。

二、 正确认识股权的“两面性”

1. 股权架构的反面典型案例引起的思考

如今，在论证股权结构或股权架构的重要性时，许多股权培训机构往往是从典型的反面案例来进行论证，比如真功夫等。早期，蔡达标与潘宇海之间的股权比例为50%∶50%，为均等的股权结构；后来，引入今日资本和中山联动两家投资人，两人的股权比例变更为47%∶47%，仍为均等的股权结构。均等的股权结构，是没有核心股东的，一旦意见不一致，就容易造成股东之间的纠纷。真功夫在引进上述两家PE后，一直为改变这种股权结构而努力，但股权变更尚未完成之时，蔡达标就已经锒铛入狱，无法实现他心中的梦想和抱负，这不能不说是蔡达标内心的一种纠结和痛苦。

从反面典型案例中，我们确实能够认识到股权架构设置的重要性，但不能仅限于此。或者说，反面典型案例虽然能够反映股权架构的重要性，但不是论证股权架构价值的唯一理由。当我们回头看一看同样是均等股权的海底捞，则是另一番景象。海底捞的股权架构最初是张勇以及妻子舒萍、施永宏以及妻子李海燕 4 人均等股权，每人持股比例为 25%。随着海底捞事业的发展，张勇于 2007 年拥有了 68% 的股权，取得了公司的绝对控股权。这样的情形简直匪夷所思，但真的是发生了，这当然与施永宏的妥协退让有直接的关系。回顾过去，施永宏说："后来我想通了，股份虽然少了，赚钱却多了，同时也清闲了，还有他（指张勇）是大股东，对公司就会更操心了，公司会发展得更好。"这一话语，不仅反映出施永宏的胸怀，实现了对"让合伙更长久"的期盼，而且道出了"大道至简"的人生哲理。

2018 年 9 月 26 日，张勇在港交所敲锣，海底捞正式在香港上市。如今看来，海底捞在港交所的上市，实现了张勇等对"让企业更值钱"的渴望，但这还不是海底捞的最终目标。海底捞的上市，或许只是一个新的开始。

真功夫与海底捞，在公司最初成立时，同样是最差的平均股权架构模式，但最后的结局和命运却截然不同。后者的成功得益于海底捞股权架构的及时调整，得益于海底捞的企业文化等。同时，也印证了股权架构的重要性，印证了创始人之间合作包容、互利互让、眼界格局等因素的相辅相成，也印证了首特股权团队所倡导的使命——让合伙更长久，让企业更值钱。虽艰难，但令人向往，未来会被更多企业所践行。

2. 股权具有 “两面性”

作为股权架构、治理和股权法律的研习者、实践者和讲授者，我对目前这种过于夸大股权架构价值的商业宣传深表忧虑。作为一门知识或学科，应该客观地看待股权，其内容与方法都应该是科学的，而不是非理性的。股权架构均等或过于分散或过于集中，所带来的教训都是表面现象。换句话说，好的股权架构并不一定带来良好的公司业绩，其背后的权力和利益才是根本所在，股东之间如何分配这些权力和利益，才是股权架构“被设计”的价值所在。

不少人或许会疑惑：怎么一方面说股权架构很重要，处理不好会导致股东矛盾和公司僵局；另一方面又说，股权架构与公司价值没有直接关系，似乎股权架构又不是很重要。到底是什么意思？其实两者并不矛盾，每个结论在其指向范围内都是正确的。例如：1 + 1 =2 在数学语境下是正确的，如果换成了夫妻 1 +1 可能就等于 3 或 4。因此，公司的繁荣昌盛，是由很多确定或不确定的因素长期共同作用的结果。股权的重要性，一定要理性、全面、审慎地去看待。在此必须要强调两点：

第一，企业家要从思想上重视股权。思想是民族和国家的灵魂，思想意识不仅可以改变一个国家，而且可以改变整个世界。对于一家企业而言，企业家的思想决定着企业的高度和未来，重视股权应讲究“天时、地利、人和”。“天时”指的是行业的发展趋势等，“地利”指的是企业所在行业的市场规模、市场竞争格局及国家的政策法规等，“人和”指的是企业家的特质及团队建设等。

在企业经营过程中，很多人往往只看到短期的金钱利益，而没有看到长远的股权价值，不知道股权能够给企业带来什么，往往认为股权仅仅是在政府机关登记的一种载体而已。实际上，股权的价值并不局限于投资、融资、融智、激励等，还包括股权信托等，具备财富传承等功能。因此，无论是企业还是企业家，都要从思想上进行转变，充分认识到股权的价值和未来。

第二，企业家要从行动上善于运用股权。大家知道：汉高祖刘邦和他的政治对手项羽相比，无论从能力、出身等方面来讲，刘邦都处于劣势，但是最后的结局是什么呢？项羽自刎于乌江，而刘邦成就了大业，笑到了最后。当然，刘邦的成功有很多原因，但其中一个非常重要的原因，就是刘邦在人才的使用上“用人不疑、疑人不用”，学会用利益去引导自己的部下。刘邦打败项羽之后，大摆宴席，问众大臣为什么自己能够成功，项羽会失败。有个大臣站起来说：“陛下使人攻城略地，所降下者因以予之，与天下同利也。”刘邦的这种大方，这个方式在过去叫论功行赏，如果用今天的话来说，就是会用股权去激励下属。因此，企业家在企业经营管理中，应充分挖掘股权的价值，有效利用股权激励机制，合理利用股权，做到

“你情我愿，皆大欢喜”，真正实现与员工的良性互动，让员工成为企业里的虚拟老板，与企业家一样打拼事业，共赢天下！

第三节　再说股权的重要性：股权对公司的控制

一、股权架构：资本时代的存亡之道

公司治理的本质就是控制权的分配，就是股权的架构。在古典和传统企业中，老板既是所有者又是经营者，所有权与经营权是有机统一的。但在现代企业特别是上市公司中，所有权和经营权往往是分离的，大多数股东是不参与日常经营的，仅仅是持有股份、享有分红权和表决权，而经营权则交给管理层。换句话说，就是职业经理人对企业进行经营和管理。

众所周知的万科与宝能股权大战之争，有人批判创始人王石“逃脱规则谈情怀”是耍流氓；也有人批判投资方宝能与华润“逃脱贡献谈规则”也是耍流氓。不管是谁在耍流氓，结果都是两败俱伤。

王石和其带领的团队一开始均不控股，万科第一次融资对团队股权稀释过大，为万科不合理的股权架构埋下了“罪恶”的种子，导致了王石及其团队后来一系列尴尬局面的形成。宝万之争是一场关于公司治理和股权架构的广泛而深刻的大众知识教育普及。

公司的股权如何架构？背后链接着公司的搭班子、核心利益分配与公司治理，而且一旦成为公示登记的事实后，往往具有“不可逆性”，很难进行有效的调整，除非成员之间都能够高风亮节，有家国天下的情怀。否则，一旦出问题，要么调整成本很高，要么调整不过来“车毁人亡”。

股权架构是保障公司安全的总阀门，也是资本时代的存亡之道。因此，公司如何重视股权布局都不为过。这印证了首特股权团队的股权战略布局理念之一，即“方圆定乾坤，做有深度的股权架构”。

二、 股权架构的9条生命线

公司股东持股比例的多少，代表着股东所能行使权利的大小，由此而衍生出绝对控股权、相对控股权、一票否决权以及临时会议权等股权架构的9条生命线。

在股权架构实务中，经常有“股权生命线”的说法，有的说是5条生命线，有的说是7条生命线，而我认为有9条生命线。关于生命线之说，对于未经过系统学习《中华人民共和国公司法》（以下简称《公司法》）的企业家们会争相学习，但并不知道这些生命线对于有限公司与股份有限公司、上市公司与挂牌公司、普通公司有什么区别，也不能很好地区分其中的界限，容易产生曲解。下面依据《公司法》的相关规定，逐一介绍股权架构的9条生命线，以便认识“股权生命线”：

1. 三分之二以上的绝对控制权

拥有公司的以下7项权利：修改公司章程/公司分立、合并、解散/变更公司形式/增加或减少注册资本等重大事项的变化。其法律依据是《公司法》第四十三条第二款之规定："股东会会议作出修改公司章程、增加或者减少注册资本的决议，以及公司合并、分立、解散或者变更公司形式的决议，必须经代表三分之二以上表决权的股东通过。"以及第一百零三条第二款："股东大会作出修改公司章程、增加或者减少注册资本的决议，以及公司合并、分立、解散或者变更公司形式的决议，必须经出席会议的股东所持表决权的三分之二以上通过。"

这里需要提示的是：第一，绝对控制权既适用于有限责任公司的股东会，也适用于股份有限公司的股东大会。两者相比较而言，股东大会要求的是出席会议的三分之二以上表决权通过，并不要求股份有限公司的股东一定要占比三分之二以上。第二，三分之二以上在这里包含三分之二本数。也就是说，有些培训机构将绝对控制权界定为 67% 是不准确的，三分之二以上也可以是 66.7%、66.67% 等。第三，《公司法》第四十二条存在但书的陷阱，即公司章程可以约定股东会是否按照出资比例行使表决权。如果约定为否，则 67% 的绝对控制线也就失去了相应的意义。什么是但书？但书是法律术语，是法律条文中的一种特定句式，是对前文所作规定的转折、例外、限制、补充或附加条件的文字。因此，我们在学习股权商业等课程时，要学会结合法律知识，运用法商思维，去准确把握其中的含义，才能少犯、不犯错误。

2. 二分之一以上的相对控制权

一些简单事项的决策、聘请独立董事，选举董事、董事长、聘请审议机构，聘请会计师事务所，聘请/解聘总经理等，需要相对的控制权就可以实现。如果公司要上市、经过 2 ~ 3 次的股权稀释后，还可以控制公司。其法律依据是《公司法》第一百零三条第二款的规定："股东大会作出决议，必须经出席会议的股东所持表决权过半数通过。"

在此需要提示 3 点：第一，《公司法》仅在股份有限公司中规定了过半数的表决条款。换言之，对于有限责任公司而言，我国《公司法》中并未明确规定股东会普通决议的程序，而是让股东自行通过章程进行确定。第二，有限责任公司在自由约定时，务必把握好"过半数"与"半数以上""二分之一以上"的区别，过半数不包含 50%，而后两者均包含 50%。章程中必须避免出现"半数以上""二分之一以上"这样的约定，否则可能造成出现股东会决议通不过的尴尬和矛盾。第三，同时，自由约定时还需明确说明是"股东人数过半数通过"还是"股东所持表决权过半数通过"，这两种不同的含义，需要界定明确、清晰，避免产生歧义和纠纷。

3. 三分之一以上的安全控制权即一票否决权

股东持股出资比例在三分之一以上，而且没有其他股东的股份与之冲突，称为否决性控股，具有一票否决权。其法律依据同"绝对控制线"的法律依据一样，即《公司法》第四十三条第二款之规定："股东会会议作出修改公司章程、增加或者减少注册资本的决议，以及公司合并、分立、解散或者变更公司形式的决议，必须经代表三分之二以上表决权的股东通过。"

需要提示的是：第一，与绝对控制线相对应，三分之二以上表决权是通过关于公司生死存亡的事宜，如果其中一个股东持有超过三分之一的股权，另一方就无法达到三分之二以上表决权，那些关于生死存亡的事宜就无法通过，这样就控制了生命线，因而称之为安全控制权。第二，所谓一票否决只是相对于生死存亡的事宜，对其他仅需过半数以上通过的事宜，是无法利用一票否决权的。第三，同理，持股比例在33.4%、33.34%等均可作为“安全控制线”的划定标准，这里的安全控制线即一票否决权，主要目的是限制大股东滥用权利的制约方法，在实际运用中应当慎重，否则容易引发公司僵局，更有甚者会被沦为要挟、交易的筹码。第四，特别提示的是，这里的“一票否决权”是指有限公司的股东会或股份公司的股东大会，与投资协议中约定的有限公司董事会表决机制中的“一票否决权”具有不同的含义，股东会和董事会的职权边界应当是确定的，不允许随意限制或者扩张。第五，上述三条生命线中的“以上”均包含本数，这是根据2017年10月1日施行的《中华人民共和国民法总则》（以下简称《民法总则》）第二百零五条之规定：“民法所称的‘以上’‘以下’‘以内’‘届满’，包括本数；所称的‘不满’‘超过’‘以外’，不包含本数。”

4. 30%，上市公司要约收购线

通过证券交易所的证券交易，收购人持有一个上市公司的股份达到该公司已发行股份的30%时，继续增持股份的，应当采取要约方式进行，发出全面要约或者部分要约收购。其法律依据是《中华

人民共和国证券法》（以下简称《证券法》）第八十八条第一款之规定："通过证券交易所的证券交易，投资者持有或者通过协议、其他安排与他人共同持有一个上市公司已发行的股份达到百分之三十时，继续进行收购的，应当依法向该上市公司所有股东发出收购上市公司全部或者部分股份的要约。"以及《上市公司收购管理办法》（2014年修订，下同）第二十四条之规定："通过证券交易所的证券交易，收购人持有一个上市公司的股份达到该公司已发行股份的30%时，继续增持股份的，应当采取要约方式进行，发出全面要约或者部分要约。"

在这需要提示的是：第一，本条线适用于特定条件下的上市公司股权收购，不适用于有限责任公司和未上市的股份有限公司。第二，《证券法》第八十五条规定："投资者可以采取要约收购、协议收购及其他合法方式收购上市公司。"其中的要约收购又称为敌意收购，目前普遍被认为是最规范、最市场化的收购方式。与协议收购相比，要约收购要经过较多的环节，操作程序比较繁杂，收购方的收购成本比较高。第三，收购要约期限届满后，收购人持有的被收购上市公司的股份数达到该公司已发行的股份总数的75%以上的，该上市公司的股票应当在证券交易所终止上市交易，持有90%以上的，其余股东可以要求以同等条件向收购人出售股份。

5. 25%， 同业竞争警示线

这里需要提示的是：第一，本条线在目前还没有明确的法律概念和法律依据，对同业竞争禁止性的规定主要体现在中国证监会针对上市公司的相关部门规章和规范性文件中，比如《公开发行证券的公司信息披露内容与格式准则第1号——招股说明书》（2015年修订）第五十一条（五）规定："业务独立方面。发行人的业务独立于控股股东、实际控制人及其控制的其他企业，与控股股东、实际控制人及其控制的其他企业间不存在同业竞争或者显失公平的关联交易。"对有限公司和非上市股份公司的现实意义不大。第二，同业竞争是指上市公司所从事的业务与其控股股东或实际控制人或控股股东所控制的其他企业所从事的业务相同或近似，双方构成或可能构成直接或间接的竞争关系。第三，根据国家税务总局《关于完善关联申报和同期资料管理有关事项的公告》第二条，关联企业特指一个股份公司通过25%以上股权关系或重大债权关系，所能控制或者对其经营决策施加重大影响的任何企业，针对这样的企业才会出现25%是同业竞争警示线的说法。

6. 10%，临时会议权

临时会议权是指可提出质询/调查/起诉/清算/解散公司的权利。法律依据是：《公司法》第三十九条第二款规定："代表十分之一以上表决权的股东，三分之一以上的董事，监事会或者不设监事会的公司的监事提议召开临时会议的，应当召开临时会议。"第四十条第三款规定："董事会或者执行董事不能履行或者不履行召集股东会会议职责的，由监事会或者不设监事会的公司的监事召集和主持；监事会或者监事不召集和主持的，代表十分之一以上表决权的股东可以自行召集和主持。"第一百条第三项规定："股东大会应当每年召开一次年会。有下列情形之一的，应当在两个月内召开临时股东大会：(三) 单独或者合计持有公司百分之十以上股份的股东请求时”。以及第一百一十条第二款规定：“代表十分之一以上表决权的股东、三分之一以上董事或者监事会，可以提议召开董事会临时会议。”同时，《最高人民法院关于适用<中华人民共和国公司法>若干问题的规定（二)》第一条第一款规定：“单独或者合计持有公司全部股东表决权百分之十以上的股东，以下列事由之一提起解散公司诉讼，并符合公司法第一百八十二条规定的，人民法院应予受理。”

这里需要提示的是：第一，《公司法》第三十九条和第四十条适用于有限责任公司，代表十分之一表决权以上的股东可以提议召开股东会临时会议，在董事和监事均不履行召集股东会职责之时可以自行召集和主持。同理，如果有限责任公司未约定按出资比例行使表决权，10%的临时会议权线根本没有意义。第二，《公司法》第一百条和第一百一十条适用于股份有限公司，正因为股份公司特别的性质，10%的临时会议权带有强制性。持有10%以上股份的股东可以请求召开临时股东大会，提议召开董事会临时会议。第三，《最高人民法院关于适用<中华人民共和国公司法>》若干问题的规定(二)》第一条规定适用于所有类型的公司，即在公司出现僵局的情况下持有10%以上表决权股东具有诉讼解散权。

7. 5%， 重大股权变动警示线

达到股权比例5%以上时，需要披露权益变动书。法律依据是

《证券法》第六十七条第一款、第二款第八项之规定："发生可能对上市公司股票交易价格产生较大影响的重大事件，投资者尚未得知时，上市公司应当立即将有关该重大事件的情况向国务院证券监督管理机构和证券交易所报送临时报告，并予公告，说明事件的起因、目前的状态和可能产生的法律后果。下列情况为前款所称重大事件：（八）持有公司百分之五以上股份的股东或者实际控制人，其持有股份或者控制公司的情况发生较大变化。"第七十四条第二项之规定："证券交易内幕信息的知情人包括：（二）持有公司百分之五以上股份的股东及其董事、监事、高级管理人员，公司的实际控制人及其董事、监事、高级管理人员。"以及第八十六条之规定："通过证券交易所的证券交易，投资者持有或者通过协议、其他安排与他人共同持有一个上市公司已发行的股份达到百分之五时，应当在该事实发生之日起三日内，向国务院证券监督管理机构、证券交易所作出书面报告，通知该上市公司，并予公告；在上述期限内，不得再行买卖该上市公司的股票。投资者持有或者通过协议、其他安排与他人共同持有一个上市公司已发行的股份达到百分之五后，其所持该上市公司已发行的股份比例每增加或者减少百分之五，应当依照前款规定进行报告和公告。在报告期限内和作出报告、公告后两日内，不得再行买卖该上市公司的股票。"

这里需要提示的是：本条生命线仅适用于上市公司。从规则角度看，持股低于5%至少有两个好处：一是没有锁定期的约束，二是不需要抛头露面，减持也不用进行信息披露。

8. 3%，临时提案权

单独或者合计持有公司3%以上股份的股东，可以在股东大会召开10日前提出临时提案并书面提交召集人，提前开小会。法律依据是《公司法》第一百零二条第二款之规定："单独或者合计持有公司百分之三以上股份的股东，可以在股东大会召开十日前提出临时提案并书面提交董事会；董事会应当在收到提案后二日内通知其他股东，并将该临时提案提交股东大会审议。临时提案的内容应当属于股东大会职权范围，并有明确议题和具体决议事项。"

这里需要提示的是，本条生命线仅适用于股份有限公司。对于有限责任公司而言，由于其具备的人合性特点，没有此类繁杂的程序性规定。

9. 1%，股东代表诉讼权

股东代表诉讼权又称派生诉讼权，或称可以间接的调查和起诉权（提起监事会或董事会调查）。法律依据是《公司法》第一百五十一条之规定："董事、高级管理人员有本法第一百四十九条规定的情形的，有限责任公司的股东、股份有限公司连续一百八十日以上单独或者合计持有公司百分之一以上股份的股东，可以书面请求监事会或者不设监事会的有限责任公司的监事向人民法院提起诉讼；监事有本法第一百四十九条规定的情形的，前述股东可以书面请求董事会或者不设董事会的有限责任公司的执行董事向人民法院提起诉讼。监事会、不设监事会的有限责任公司的监事，或者董事会、执行董事收到前款规定的股东书面请求后拒绝提起诉讼，或者自收到请求之日起三十日内未提起诉讼，或者情况紧急、不立即提起诉讼将会使公司利益受到难以弥补的损害的，前款规定的股东有权为了公司的利益以自己的名义直接向人民法院提起诉讼。”

这里需要提示的是：第一，本条生命线适用于股份有限公司的股东，同时，还必须满足持股 180 日这一条件。而有限责任公司没有持股时间和持股比例的限制。第二，股东代表诉讼权发生的前提，要么是董事、高管违法违章损害了公司利益，要么是监事违法违章损害公司利益，如果都有问题，股东则可以直接以自己的名义“代公司的位”直接向法院提起诉讼。第三，为了预防股东滥诉，《公司法》仅规定了股东的原告资格和派生诉讼的前置程序，未规定公司的诉讼地位和胜诉利益的归属，也未规定诉讼费用的承担。因此，导致了股东提起股东代表诉讼的动力不足。因此，2017 年 9 月 1 日施行的《最高人民法院关于适用 < 中华人民共和国公司法 > 若干问题的规定（四）》第二十四 ~ 二十六条分别规定了股东代表诉讼中当事人的诉讼地位、胜诉利益的归属以及诉讼费用的负担，完善并解决了我国《公司法》上述规定的欠缺。

三、 用股权制衡公司的控制权， 谁是赢家

企业的创始人无疑是企业发展的核心，但在股权之争中，不少创始人最终也难免被“扫地出门”。从创始人与投资者纠纷、股东内讧、家族纷争，到资本方和野心家，一幕幕大剧争相登台，被清洗成了失败方难以逃脱的命运。历数资本市场，因股权争夺而促发的

商战连绵不断。因此，如何进行股权架构，如何控制公司的股权，是企业家面前不可逾越的沟壑。股权架构犹如大树的根，根不牢，遇大风必倒；股权架构不合理，遇纠纷必败。股权架构是基石，也是股权大布局的战略核心。股权犹如人体的心脏，怎么强调其重要性都不为过。

公司的控制权应该包括以下 4 个方面：股权层面的控制权、董事会层面的控制权、公司经营管理的实际控制权以及对产品和人的控制权。这里主要介绍如何用股权控制公司的控制权。在我国，股权层面控制权主要有 5 种模式，分别如下：

第一种模式，股权出资比例的控制权，即二分之一以上的相对控制权以及三分之二以上的绝对控制权。根据《公司法》，大部分的股东会表决事项都是经二分之一以上多数通过，而其中的增资、减资、修改公司章程、分立、合并、解散或变更公司形式 7 项权利，应当经三分之二以上多数通过。因此，掌握了 51% 的相对控制权以及三分之二以上的绝对控制权，就能够掌握公司的股东会。

第二种模式，投票权委托。如果你不能掌握公司的相对控制权或绝对控制权，但是其他股东又同意让你说了算，怎么解决这个问题呢？建议你采用投票权委托或下面要讲的一致行动人协议，使其他股东的投票权变相地集中到你身上。所谓投票权委托，是指股东通过协议约定，其中的某些股东将其投票权委托给其他特定股东行使。比如，京东的招股书。在京东发行上市前，京东有 11 家投资人将其投票权委托给了刘强东行使。刘强东持股只有 18.8% （不含代持的4.3%激励股权），却据此掌控了京东过半数（51.2%）的投票权。

第三种模式，一致行动协议。无论是主板上市（IPO）还是新三板挂牌，均需要详细披露公司的实际控制人。为了项目操作需要或者取得公司控制权、决策权的需要，股东通过签订“一致行动协议”形成一致行动人，从而保证公司经营决策、公司股权架构的稳定性。公司的某些股东就特定事项投票表决采取一致行动，当意见不一致时，某些股东跟随一致行动人投票。具体到在进行股权架构时，创始股东之间可以针对在股东会（股东大会）、董事会的提案、表决等行为保持一致行动，通过签署一致行动协议而形成一致行动人。

第四种模式，同股不同权，又称双层股权结构。同股不同权是指资本结构中包含两类或多类不同投票权的普通股架构，一般采取的是“AB股结构”：B类股一般由管理层持有，为始创股东及其团队；A类股一般为外围股东持有，放弃一定的表决权作为入股的条件。简单来说，外围股东的股票一股有一份投票权，而始创股东及其团队的股票，一股最多可以有20份投票权，这样尽管拥有的股票数量一样，但是投票的时候拥有多达20倍的话语权。该制度有利于成长性企业直接利用股权融资，同时又能避免股权过度稀释，造成创始团队丧失公司话语权，保障此类成长性企业能够稳定发展。

《公司法》第四十二条第一款规定：“股东会会议由股东按照出资比例行使表决权；但是，公司章程另有规定的除外。”根据该条款的规定，有限公司可按照股东的出资比例进行表决投票的计算；不按照出资比例进行表决的，可以依据公司章程制定的方式进行，其目的是为了最大限度地将控制权保留在内部团队。

需要强调的是，股份公司在我国目前的法律制度下不允许同股不同权。《公司法》第一百零三条规定："股东出席股东大会会议，所持每一股份有一表决权。"该条规定是股份公司同股同权的法律基础。股份公司是不允许同股不同权的，这就导致了我国众多的科技型企业，比如百度、阿里、京东等到美国纳斯达克上市。这是因为纳斯达克允许上市公司采取同股不同权的股权架构模式，这种模式在纳斯达克相对成熟和稳定。2018 年 4 月 30 日，港交所发布文件支持同股不同权。2018 年 7 月 9 日，小米公司成为第一家在港交所上市的采取同股不同权的公司。2018 年 11 月 5 日，首届中国国际进口博览会在上海开幕，习近平主席出席开幕式并发表主旨演讲，其中提出："将在上海证券交易所设立科创板并试点注册制。"或许科创板将是我国同股不同权的"破冰"试验田，或许 2019 年就是我国同股不同权制度的创始元年。

第五种模式，通过有限合伙作为持股平台。《中华人民共和国合伙企业法》（以下简称《合伙企业法》）第二条规定："本法所称合伙企业，是指自然人、法人和其他组织依照本法在中国境内设立的普通合伙企业和有限合伙企业。普通合伙企业由普通合伙人组成，合伙人对合伙企业债务承担无限连带责任。本法对普通合伙人承担责任的形式有特别规定的，从其规定。有限合伙企业由普通合伙人和有限合伙人组成，普通合伙人对合伙企业债务承担无限连带责任，有限合伙人以其认缴的出资额为限对合伙企业债务承担责任。”在我国，有限合伙企业的合伙人分为普通合伙人（GP）和有限合伙人（LP）。普通合伙人才能执行合伙事务，承担管理职能，而有限合伙人只是作为出资方，不参与企业管理。所以，可以让股东不直接持有公司股权，而是把股东都放在一个有限合伙里面，让这个有限合伙企业持有公司的股权，这样股东就可以间接地持有公司的股权。同时，让核心创始人担任GP，控制整个有限合伙，然后通过这个有限合伙控制公司。其他股东只能是有限合伙的LP，不参与有限合伙管理，也就不能通过有限合伙控制公司。比如，绿地集团采用一层又一层的有限合伙，以注册资本为10万元的上海格林兰投资管理有限公司控制了约190亿元资产的绿地控股集团股份有限公司，堪称有限合伙企业作为持股平台控制的经典案例。

案例：小米股权生态链

一、三月三日天气新，小米银谷萌生态

小米公司一个非常了不起的地方在于仅用短短8年的时间就成长为一个庞大的帝国体量。诚如易凯资本董事长王冉所说，“全中国都是雷军的试验田。”这是本书把小米生态链作为第一个案例的重要原因。

2010年3月3日，对小米公司来说是个非常特殊的日子，正如

杜甫的诗《丽人行》所描写的一样："三月三日天气新，长安水边多丽人。态浓意远淑且真，肌理细腻骨肉匀。"这一天，雷军与黎万强二人在北京市海淀区北四环西路9号的银谷大厦807室成立了北京小米科技有限责任公司（以下简称小米公司），注册资本为100万元人民币。当时仅有两个股东，雷军为创始人，黎万强为联合创始人（后来加入小米的6人均为联合创始人），没有设立董事会，雷军仅是执行董事身份而非董事长身份。

2010年5月12日，另一个联合创始人洪锋加入；同年7月28日，联合创始人林斌等人加入，公司成立了董事会，并推出"让每个人都能享受科技的乐趣"的公司愿景，小米创始团队8人（分别是：雷军、黎万强、林斌、刘德、王川、洪锋、周光平、黄江吉，其中6人是工程师，2人是设计师）亦正式亮相。

2011年7月12日，小米公司宣布进军手机市场，揭秘旗下3款产品：MIUI、米聊、小米手机。

2011年8月16日，小米手机发布会暨MIUI周年粉丝庆典在798举行，小米手机1正式发布。之后，小米公司每年都会推出新的手机产品。

2013年7月30日，北京小米科技有限责任公司变更为小米科技有限责任公司。同年8月23日，小米公司已完成新一轮融资，估值已经高达100亿美元。这意味着小米公司已成中国第四大互联网公司，仅次于BAT（百度、阿里、腾讯）。小米公司开始做一件事，那就是打造一个生态链布局IoT（物联网），并于2013年年底开启了

“生态链计划”，定下了5年内投资100家生态链企业的目标。

2014年，刚刚成立4年的小米公司销售额已达到了743亿元人民币。

2017年年底，小米生态链拥有99家硬件创业公司，其中16家公司年收入超过1亿元人民币，3家年收入超过10亿元人民币，5家公司估值超过10亿美元；小米生态链硬件销售总额已突破100亿元人民币，4年以来实现连续100%的高增长。

2018年2月8日，小米生态链公司华米科技在美国上市，成为小米生态链体系内第一家纽交所上市公司。正如雷军所言，“华米成功赴美上市，是小米生态链模式的巨大胜利！”

2018年4月27日，小米CEO雷军发布内部邮件，宣布两位联合创始人周光平、黄江吉因为个人原因正式离职。

2018年5月3日，小米公司正式向港交所提交了首次公开招股（IPO）申请，并成为香港首家申请上市的“同股不同权”的公司。同时，雷军还发布了一封名为《小米是谁，小米为什么而奋斗》的公开信，公布了小米独创的铁人三项商业模式：硬件+新零售+互联网服务。

老子在《道德经》中说：“道生一，一生二，二生三，三生万物。”在小米公司的生态链里，小米手机就是一。小米手机聚拢了第一批用户，并向这些用户提供更多、更丰富的产品以及服务。小米公司利用不到5年的时间打造出自己的小米生态链，利用8年时间创造了辉煌业绩。

二、 小米公司快速增长之源来自于小米生态链

小米生态链是个新事物，貌似集团公司，却又入资不控股；看上去像个孵化器，却又比通常的孵化器做得重。小米生态链的企业并不是小米公司的子公司，更不是小米公司的一个部门，而是属于兄弟公司。从本质来说，就是认同小米公司价值观的企业组合而成，是由诸多知行合一的企业家共同组建起来的团队，而不是一个个孤立的个体。

2017 年小米生态链谷仓学院推出了《小米生态链战地笔记》一书，该书以小米生态链内部视角全面记录、梳理了小米生态链的萌生、发展、壮大过程，以及如何以极致的产品杀入不同领域的故事。这也符合雷军在设计小米生态链的初衷：把硬件产品用接近成本价的方式销售，架构一个万物互联的平台，然后在上面做增值服务。

小米公司的快速增长和发展壮大，主要来源于其生态链。生态体系和产品方法论是小米生态链的两大亮点，具体来说包括方向、团队、商业模式、产品以及股权布局等。

1. 方向

小米公司理解了这个时代的主旋律，理解了消费的变化趋势。正如党的十九大报告中所言，“中国特色社会主义进入新时代，我国社会主要矛盾已经转化为人民日益增长的美好生活需要和不平衡不充分的发展之间的矛盾。”满足人民对美好生活的需要成为新时代的使命。

雷军曾说过："站在风口上，猪都能飞起来！"人们称之风口理论。这意味着无论是个人的发展还是企业的经营，都要把握历史潮流和社会的发展趋势，顺势而为，雷军因此还成立了顺为资本。

如果创业团队找不准方向或方向是错的，再努力也白搭。例如，小米公司曾经遇到创业者递交的一个创业项目：一个帮助小朋友喝水的智能水杯。小朋友每喝一次以后，水杯会发出音乐和闪光，以激励小朋友用它喝水。这听起来似乎是一个好创意。但结果这个创业团队做了一段时间的跟踪调查发现，用了一个星期以后，就没人用了。这是因为智能水杯在定义上有问题，小朋友会把这种喝了水有灯光、有音乐的物品当作玩具。玩具的最大特点就是小朋友玩几天就不玩了，没法持续，所以用这样的智能水杯去定义产品是值得商榷的。

2. 团队

按照找老婆的标准找团队，不但要情投意合，而且要三观一致。既要看人是否靠谱，还要看人的价值观是否一致，没有价值观一致的基础，再厉害的团队也做不到长久在一起。在此基础上，大家又有共同的利益，才能真正在一起合作。雷军说："小米团队是小米成功的核心原因。当初我决定组建超强的团队，前半年花了至少 80% 时间找人，幸运地找到了 7 个牛人合伙，全部是技术背景，平均年龄 42 岁，经验极其丰富。"

小米公司的团队具备很快的反应速度，人少、效率高，具有十足的创业激情，把这样一群人团结起来，形成了一股巨大的力量。

3. 商业模式

众所周知，在小米公司创业之初，雷军就提出了小米公司的核心是商业模式的创新，商业模式决定了小米公司的发展、壮大、腾飞。我们从《小米生态链战地笔记》一书中也会发现，小米公司的商业模式到目前为止经历过 3 个阶段：第一阶段，风口型模式，即“粉丝 + 社区营销”；第二阶段，过渡型三项模式，即“手机 + MIUI + 小米商城”；第三阶段，铁人三项模式，即“硬件 + 新零售 + 互联网”（见图 1-1）。

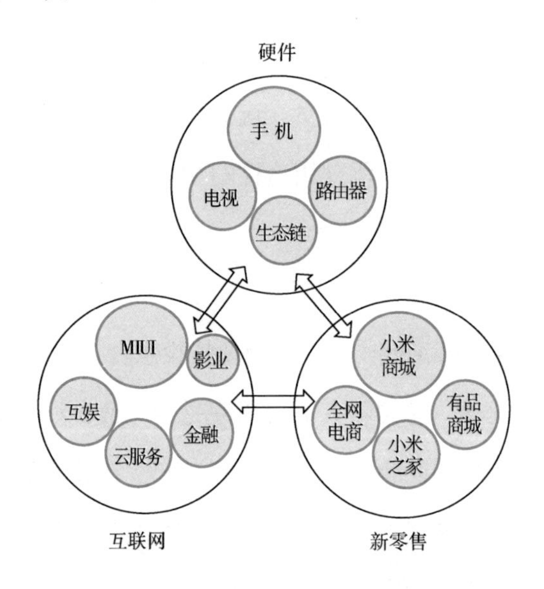

1-1　“硬件 + 新零售 + 互联网”的铁人三项模式

4. 产品

关于产品，在《小米生态链战地笔记》一书中是这样介绍的：“做产品，就要选择做巨大的市场。具体到产品经理，该如何确定产品的需求？聚焦刚需，一个原则：满足 80% 用户的 80% 需求，即要着眼于80%用户的80%需求。80%用户指的是大多数的中国大众用户群体，80%需求指的是相对集中、普遍的需求，即刚需。做用户调研往往会发现了几百个的用户痛点，不知道怎么做选择。此时当你用80%用户的80%需求去筛选，能够留下来就那么几个。”

《小米生态链战地笔记》还将产品的痛点分为3层：第一层是产品级的痛点，用户使用产品时碰到的问题，或是没有达到理想状态的情况。并告诉我们如何找到产品级的痛点——在天猫、京东上看看同类产品的用户评价，去挖掘、总结、筛选。找到痛点，解决好这些问题，那么这个产品能拿到80分。第二层是产业级的痛点，就是产业普遍存在的没有解决的重要问题，解决了产业级痛点，才可以说做出了下一代迭代产品，才有望成为行业的引领者。第三层是社会级的痛点，即整个社会普遍存在的问题，比如空气质量问题，这甚至成了全球性的社会问题。

5. 股权布局

雷军在演讲中说：“我们邀请任何人加入小米的时候，通常会给3个选择条件由其随便选择：第一，你可以选择和跨国公司一样的报酬；第二，你可以选择2/3的报酬，然后拿一部分股票；第三，你可以选择1/3的报酬，然后拿更多的股票。”实际情况是：有10%的人选择了第一种和第三种薪酬形式，有80%的人选择了第二种薪酬形式。小米公司薪酬“2/3的报酬”也是不低的数字，足够员工照顾生活，因为他们持有股票，非常乐意与创业公司一起奋斗，共同成长，战斗力也会很足。而且小米公司初期的员工，每个都向公司投了钱，真正做到破釜沉舟去参与创业。从中我们可以看出，雷军一开始就非常注重股权布局，充分运用股权激励的策略。本质上，股权激励属于股权架构的重要组成部分。

深入解读小米公司在香港交易所提交的招股说明书，我们知道“同股不同权”是小米公司股权架构的又一大特点。具体来看，小米集团 A 类股份全部由创始人雷军（4.29 亿股）和另一位联合创始人林斌（2.4 亿股）持有，同时雷军还持有 2.28 亿股 B 类股份。以此计算，雷军合计持有小米集团 31.4% 的股权，拥有 55.7% 比例的投票权。

“同股不同权”即双重股权结构，是一种通过分离现金流权和控制权而对公司实行有效控制的有效手段。区别于“同股同权”的制度，在双重股权结构中，股份通常被划分为 A、B 股结构：A 类股份的投票权为每股多票，比如 10 票、20 票；B 类股份的投票权则每股 1 票，持有 A 类股份的一般是公司的创办人、早年加入公司的合伙人等。小米公司此次上市将公司股本分为 A 类以及 B 类，对于提呈股东大会的任何决议，A 类股份持有人每人可投 10 票，而 B 类股份持有人则每股可投一票，唯有极少数保留有关的决议投票除外，在此情况下，每股股份行有 1 票投票权。在这一制度下，小米公司创始人雷军持股逾三成，但其表决权比例超过 50%，从而实现了对公司的控制权和最大自治管理权。“同股不同权”为创始团队免去了股权稀释的后顾之忧，激励其更加专注于公司长期发展，保障公司的发展原动力。公司要持续存在，关键环节是平衡顾客、股东和员工的利益。公司创造了一些价值，到底让渡给顾客多少，给股东多少，给员工分多少，这是关键的命题所在，亦是股权布局之精髓所在。

小结

小米公司案例的价值到底在哪里？

在对小米生态链案例学习的过程中，我们应该明白：没有一家企业的成功是可以完全复制的，小米公司是“打”出来的，不是按照成功学理论“画”出来的。

学习小米公司，更应该研究的是：在小米公司还没有长大的时候，用什么方法迅速长大了？是什么样的价值观引领小米生态链走到今天？小米公司曾在 2015 年遇到困境，2017 年是如何走出低谷的？2018 年又是如何迅速启动 IPO 成功上市的？等等。当然，还要看到当下小米公司依然需要在品牌建设、创新能力、专注度等方面进行更多精细化的深耕和培育，消除受众认知的便宜货等负面品牌形象，只有这样，才有可能真正做到与苹果公司分庭抗礼。

第二堂课　股权架构

第一节　法商管理是股权架构的基础

一、法商管理的来历及含义

我国经济发展目前正从高速发展过渡到中高速增长阶段。在深化改革、依法治国的过程中，企业发展要理清政府和企业、政治和商业的关系，重建政商关系，构建“亲”“清”新型政商关系。企业家需要树立法治思维、“法商管理”思维，并运用到企业的经营之中。

说到法商管理，这里必须要提到的是中国政法大学商学院院长孙选中教授。20 世纪 60 年代，哈罗德·孔茨首次提出了“管理理论的丛林”说法。到了 21 世纪，管理学又面临了一个新的挑战：随着市场经济法制化的越加发展，对管理学与法学在理念与技术层面的结合提出了更高的要求。

1994 年，孙选中教授在知识层面提出“法商结合”，为“法商管理”奠定了基础。随后，其在 2010 年 11 月正式提出了“法商管理”的概念，这也标志着法商管理学派在我国的成立。

法商管理是一个复合概念，由“管理”“商”和“法”3 个子概念构成。其中，“管理”是目的，是法商管理概念的核心，表明法商管理概念属于管理学与管理方法的范畴；“商”是泛指营利组织的经营活动，是管理的对象；“法”主要指与“商事”相关的法律、行政法规的集合。法商是思维层面的事，它包含两个方面的含义：第一，规则创造价值，法商是一种商业规则；第二，法商提供的是一个思维方法，需要很强的社会敏感力。

法商管理思维有 3 层含义：第一层是经营理念，以创新发展、专注品质、追求卓越为根本出发点；第二层是经营行为，要诚信守约；第三层是经营使命，要履行责任、勇于担当、服务社会。

二、 法商管理是股权架构的基础

我国从计划经济转型到市场经济，在市场自由和市场秩序方面存在缺陷，在市场与政府这“两只手”发挥作用时，政府在市场自由方面管得过多，而在市场秩序方面管得过少。企业作为营利组织，在经济全球化的背景下，一般要面临两大风险：一是由于管理不善带来的经营风险；二是由于忽视法律法规而带来的法律风险。企业在经营过程中，存在缺少从法律视角加强企业经营活动管理从而导致企业走入困境的案例。法商管理思维要求企业必须从经营和法律双重视角进行管理和决策。

今天的中国正处于一个关键的转型期，管理从经验向实践转变，经济活动区域从本土向全球转变。企业必须遵守规则，遵守法律。同时，由于增长压力巨大，如何借助过去积累的优势快速进行内外部的变革，让企业管理更加完善，更加适应国际化竞争，跟上越来越规范的市场环境，这将是企业财富增长的新动力和密码。

2017 年 9 月 25 日，中共中央、国务院印发《关于营造企业家健康成长环境弘扬优秀企业家精神　更好发挥企业家作用的意见》，这是党中央和中央政府首次以专门文件明确企业家精神的地位和价值。其中，“加强企业家教育培训，提高战略思维、增强创新精神”“全面增强企业家发现机会、整合资源、创造价值的能力”“建立健全创业辅导制度，支持发展创客学院，发挥企业家组织的积极作用”“搭建各类企业家互相学习交流平台，促进优势互补、共同提高”为对企业家进行培训提供了最高的指示精神。

企业经营者树立法商管理的思维，有助于企业在经营决策中从双重视角分析问题。比如，在做购并决策时，不仅要从经济效益上进行评价，通过财务分析得出经济上是否可行的结论，还要从法律的视角分析是否存在法律风险等。

因此，作为一名企业经营者，首先要明大势，明晰国际及国家形势和格局，明辨大是大非，看清国家经济发展大势等。其次，企业家要踏踏实实做好本职工作，打铁还需自身硬，这样也会获得好的回报。最后，承担社会责任，把自己的企业经营好，增加就业，这就分担了社会责任。

诚如正和岛首席架构师兼创始人、中国企业家俱乐部创始人刘东华所言，法商管理思想必将大行其道。刘东华非常推崇法商管理及法商精神。现在，我国企业面临的最大问题是公司治理问题。很多企业在经营上出现的问题，是因为公司治理能力出现了问题，而公司治理能力的核心是股权架构。因此，法商管理是股权架构的基础，股权架构是企业核心竞争力。

第二节 公司章程与股东合伙协议

一、 公司章程的概念及含义

公司章程是规定公司名称、宗旨、资本、组织机构等对内、对外事务的基本法律文件，是公司的必备文件，不得以任何其他法律文件代替，是实现公司自治的主要途径。公司章程是公司最高法律效力文件，公司章程对公司、股东、董事、监事、高级管理人员具有约束力，被称为“公司的宪法”，足以说明其重要性。

成立公司，首先要制订一份公司章程，但大多人为了方便会选择工商部门提供的模板范本，千篇一律。殊不知《公司法》尊重股东自治，对公司章程有很多开放性自治条款，很少有人意识到这些条款的价值，也很少有人愿意花钱聘请律师帮助起草公司章程，一旦出现公司僵局或者股权之争，或者失去公司控制权，才知道公司章程的重要性，大呼后悔。以股权架构为例，股权包括人身权（如表决权）和财产权（如分红权和增资优先购买权等），如果通过公司章程的一致约定，就可以实现同资不同股、同股不同权的特殊效果。此外，通过公司章程设计，还可以约定：在股东发生死亡、离婚等突发事件后，防止股权由其继承人继承或者配偶取得股东资格之情形出现，维护公司股东的相对稳定性。公司章程与《公司法》一样，共同肩负调整公司活动的责任。这就要求，公司的股东和发起人在制订公司章程时，必须考虑周全，要规定得明确详细，不能做不同的理解。

二、 公司章程与股东合伙协议相辅相成

公司章程与股东合伙协议之间到底是什么关系呢？我个人认为既有联系又有区别，二者相辅相成。

首先，公司章程与股东合伙协议之间具有联系。这里的股东合伙协议，不是指合伙企业中的合伙协议，而是指公司股东之间所订立的股东合伙协议。《公司法》第十一条规定：“设立公司必须依法制定公司章程，公司章程对公司股东、董事、监事、高级管理人员具有约束力。”可见，公司章程在公司的整个运作过程中具有非常重要的意义，它对公司本身，对公司的股东、董事、监事、高级管理人员都有约束力。在某种意义上，公司章程也是股东合伙协议的一种，因为公司章程要通过股东会或股东大会做决议，因此它也可以

理解成股东之间的合伙协议。

其次，公司章程与股东合伙协议之间的区别在于修改上的要求是不一样的。股东合伙协议是合同，如果合同需要修改，必须要订立合同的全体当事人一致同意，否则无法修改。公司章程作为公司组织架构的一种设置，它在修改的方式上与合同是有严格区别的，它不需要一致同意，只需要三分之二以上表决权同意就可以修改。从这个意义上来讲，公司章程的修改要比股东合伙协议的修改宽松些，这是它们之间最核心的区别。

在实务中，公司章程属于《公司法》规制的范围，但对效力的处理仍然遵循《中华人民共和国合同法》（以下简称《合同法》）的相应规定，尤其是认定公司章程条款的效力往往需要根据《合同法》第五十二条以及《最高人民法院关于适用〈中华人民共和国合同法〉若干问题的解释（二）》第十四条规定："合同法第五十二条第（五）项规定的'强制性规定'，是指效力性强制性规定。"

在《公司法》规定的17个方面，授权公司章程可以做出和法律规定不一致的规定。事实上，这只是法律列明的17个方面，从股东会或者股东大会的权限上来讲，任何重大事项都可以由股东大会或股东会做出，只要法律没有明确禁止的均可以。除此之外，如果股东认为有必要，可以在公司章程中进行约定，只要和《公司法》的禁止性、强制性规定不违背，那么公司章程约定的内容都是有效的。因此，可以根据实际需要，在公司章程中进行详细全面的约定。

当然，一些与公司章程约定不一致的，或者说股东就有些约定内容，不愿意或不方便放在公司章程中，那也可以在股东合伙人协议中予以体现。因此，股东合伙人协议可以设计得与公司章程不一致，一般需要强调以哪个为准。

最后，当二者约定的内容不一致时怎么办？如果股东合伙协议属于公司的设立协议，在与公司章程发生冲突时，应以公司章程为准。在公司设立前，股东签订的股东合伙协议的效力一般止于公司成立之时。公司一旦成立，有关公司设立与经营管理的相关事项均应由公司章程予以规范。但是，公司章程中未规定的事项，股东在公司设立的股东合伙协议中予以约定的，该约定对签约的股东应当继续有效。

如果股东合伙协议不属于公司的设立协议，而是在公司设立之后签署的股东合伙协议，这就适用于《公司法》明确规定公司自治区的法律条款，即"公司章程另有规定的除外"条款的具体运用。在此种情况下，如果进行了公司顶层设计和股权结构，一般不会发生不一致的情形，相关内容就不再赘述。在实践中，我们一般建议大家：尽可能将股东合伙协议中的特殊条款都列在公司章程中，且二者应保持一致；或者在公司章程和股东合伙协议中设立兜底条款，即"公司章程和股东合伙协议约定不一致的，以股东合伙协议为准"。

第三节 对公司章程“自治区”的合理利用

一、公司章程“自治区”的事项

公司治理的基本目的是实现责权的合理安排与制衡。股权架构的设计应当根据权利制衡的基础，寻求权责平衡与权利的有效行使。如何运用公司章程“自治区”的规定来设计股权架构呢？我按照《公司法》法条顺序逐一梳理了17项公司章程可以自主约定的事项，并在下面逐一说明。

1. 法定代表人

《公司法》第十三条规定：“公司法定代表人依照公司章程的规定，由董事长、执行董事或者经理担任，并依法登记。”

如何在董事长、总经理身上分配公司经营管理的掌控权，需要股东在架构设计时综合考量。如何把控对公司运营的参与、控制程度，是每个股东十分重视，也应该重视的问题。从实务角度看，决定公司控制权的因素有：公司法定代表人，董事、监事、高管经理构成，公司及法定代表人印章管理，财务资料的掌控等。其中，法定代表人及印章对公司控制权有特别重要的意义。因此，在公司章程中，应明确约定公司法定代表人由董事长、执行董事或总经理担任，落实到职位层面，而不落实到具体的自然人，以免人员变动，导致公司章程的修订。

2. 对外投资、对外担保

《公司法》第十六条规定："公司向其他企业投资或者为他人提供担保，依照公司章程的规定，由董事会或者股东会、股东大会决议；公司章程对投资或者担保的总额及单项投资或者担保的数额有限额规定的，不得超过规定的限额。"

投资有风险，担保须谨慎。对外投资或担保，可能使公司因承担债务而遭受重大的损失。此两类行为，为还是不为，《公司法》将其交由股东自行决定，但要求在公司章程中明确下来由股东们自行决策还是授权董事会进行决策，以及投资或担保的单笔和总额额度限制等问题。考虑到投资或担保，均可能对股东权益造成重大影响，故一般由股东自行决定比较稳妥；当股东对董事会足够信任时，可考虑授权董事会决策。此外，担保决策自治权仅限于对外担保。当公司为公司股东或者实际控制人提供担保时，必须经股东会或者股东大会决议；且前款规定的股东或者受前款规定的实际控制人支配的股东，不得参加前款规定事项的表决；该项表决由出席会议的其他股东所持表决权的过半数通过。因此，对外投资或担保的决策可在股东会或股东大会职权，或者董事会职权部分阐释；也可以单独成条，专项表述。

3. 股东出资时间

《公司法》第二十五条和二十六条规定，有限责任公司的注册资本为在公司登记机关登记的全体股东认缴的出资额，股东的出资时间应在公司章程中载明。目前，除有特殊限制的主体外，彻底采取认缴资本制。股东的认缴出资额、出资时间，完全由股东自行约定并在章程中载明。当约定的出资时间到期，但股东认为需要延期的，可以通过修改公司章程的方式，调整出资时间。公司章程约定出资时间具有两层实务价值：一是到期股东负有向公司缴足当期出资的义务，当该项义务未完成时，公司的债权人可向股东要求履行出资义务，用于偿还公司债务；二是未履行当期出资义务的股东，应当向已按期足额缴纳出资的股东承担违约责任。

4. 红利分配、增资认缴

《公司法》第三十四条规定："股东按照实缴的出资比例分取红利；公司新增资本时，股东有权优先按照实缴的出资比例认缴出资。但是，全体股东约定不按照出资比例分取红利或者不按照出资比例优先认缴出资的除外。"该条法规规定了公司分红的一般规则，即股东按照实缴的出资比例分取红利；但同时充分尊重股东意思自治，允许股东以约定方式改变红利的分配规则，改变后的分配比例、方式均没有任何限制，完全由股东自由商定。主要表现形式有：第一，有限责任公司可将红利部分或全部优先向一部分股东分配，可以在不同的股东之间按不同的比例分配，可以约定优先满足部分股东固定比例的收益要求，剩余部分再由全体股东分配等，公司法无特别限制。第二，红利分配可由股东自行约定的前提是：公司盈利，有可分配利润。第三，"优先股"问题。实务中，有的企业会要求按"优先股"概念设计股权结构，即部分股权持有人优先于普通股股东分配公司利润和剩余财产，但参与公司决策管理等权利受到限制。

实际上，《公司法》并未明确设计优先股制度。目前，国务院层面也仅在开展优先股的试点工作，且限于特定的股份有限公司。但就有限责任公司而言，《公司法》允许股东对股东会议事规则自行约定，允许公司红利分配由股东约定，利用这种制度放权，可以在有限责任公司范围内，由股东自行设计“优先股”制度。

关于增资认缴，一般原则是股东有权优先按照实缴的出资比例认缴增资。股东可以通过约定的方式改变此项原则。

5. 股权转让的条件

《公司法》第七十一条规定了股权转让一系列的转让规则，其中第四款规定：“公司章程对股权转让另有规定的，从其规定。”这一款的规定是允许股东不按《公司法》第七十一条第一、二、三款设定的转让规则处理，而由股东自由约定。因此，股东关于股权转让的约定，可以使转让简化，也可以使转让变得复杂，甚至限制部分股东的转让股权。作为律师在进行股权架构时，对该问题应当高度充分的重视，并应向股东重点提示。股东确有特殊需求，如希望能够灵活退出，或者希望限制某些技术股东退出，均应在公司章程中明确约定。

6. 股东会职权

《公司法》第三十七条规定：“公司章程可对股东会的其他职权进行规定。”因此，通过增设股东会职权、设计合理的表决权制度，例如特别事项的一票否决权可以对公司经营管理中的重大事项进行表决甚至否决，有效控制投资风险。

7. 董事的任期

《公司法》第三十七条和第四十五条规定，非职工代表之董事由股东会选举或更换；董事任期由公司章程规定，但每届任期不得超过3年。因此，对董事的任期，可以设立分期分级董事会制度，将董事会分为若干组，规定每一组有不同的任期，以使每年都有一组董事任期届满，每年也只有任期届满的董事被改选，并规定每年改选董事会成员的比例上限。比如，公司在设计董事会的议事规则时，可在公司章程中载明：

董事由股东会选举或更换，任期3年。董事任期届满，可连选连任。董事在任期届满以前，股东会不能无故解除其职务。在每届董事会任期内，每年更换的董事不得超过全部董事人数的四分之一，如因董事辞职，或因董事违反法律、行政法规及本章程的规定被解除职务的，则不受该四分之一限制。董事会换届时，每届更换董事人数不得超过董事会构成总人数的二分之一。

董事任期从就任之日起计算，至本届董事会任期届满时为止。董事任期届满未及时改选，在改选出的董事就任前，原董事仍应当依照法律、法规和本章程的规定履行董事职务。在发生公司被恶意收购的情况下，如该届董事会任期届满的，继任董事会成员中应至少有三分之二的原任董事会成员连任；在继任董事会任期未届满的每一年度内的股东会上改选董事的总数，不得超过本章程所规定董事会组成人数的四分之一。

为保证公司及股东的整体利益以及公司经营的稳定性，收购方及其一致行动人提名的董事候选人应当具有至少5年与公司目前（经营、主营）业务相同的业务管理经验，以及与其履行董事职责相适应的专业能力和知识水平。

董事可以由总裁或者其他高级管理人员兼任，但兼任总裁或者其他高级管理人员职务的董事以及由职工代表担任的董事，原则上总计不得超过公司董事总数的二分之一。

8. 董事长、副董事长的产生

《公司法》第四十四条规定："董事会设董事长一人，可以设副董事长。董事长、副董事长的产生办法由公司章程规定。"董事长、副董事长的选举由公司章程规定，可规定由全体董事选举产生，也可约定由股东会选定，甚至还可以规定由某个或某些股东推选的人员担任。由于《公司法》对董事长、副董事长的产生没有明确规定，故应在公司章程的设计中明确董事长、副董事长的产生办法，切不可表述为"董事长、副董事长的产生按法律规定执行"。

9. 董事会职权、董事会的议事方式和表决程序

《公司法》第四十八条规定："董事会的议事方式和表决程序，除本法有规定的外，由公司章程规定。董事会应当对所议事项的决定作成会议记录，出席会议的董事应当在会议记录上签名。董事会决议的表决，实行一人一票。"董事会是公司经营管理层面的决策机构。公司章程可以在董事会的法定十项职权外，扩充董事会的职权；也可以对董事会职权的行使进行限制。董事会的议事方式和表决程序应在公司章程中明确，否则将出现无法可依，也无据可依的情况。

董事的表决权为一人一票，没有任何协商的余地。

10. 经理职权

《公司法》第四十九条规定："有限责任公司可以设经理，由董事会决定聘任或者解聘。经理对董事会负责，行使下列职权……公司章程对经理职权另有规定的，从其规定。"

上述规定是通过"董事会授予的其他职权"与"公司章程对经理职权另有规定的，从其规定"这两项法律规定，为经理职权设置了相当大的蓄水池。因此，股东应当通过公司章程以及相配套的其他管理制度，细化明确，避免授权不明，从而导致公司治理秩序混乱。

11. 股东资格的继承

《公司法》第七十五条规定："自然人股东死亡后，其合法继承人可以继承股东资格；但是，公司章程另有规定的除外。"关于这一条规定，在公司股权架构中要特别注意：有限责任公司具有人合、资合双重特征，且通常认为人合特征更为明显，股东间的相互了解、信任是合作的基础。股东资格由继承人继承时，可能会出现以下3种问题：第一，自然人死亡后，其配偶、父母、子女为第一顺序继承人，股东资格由其继承，股东人数迅速增加，有可能突破法定的最多人数限制，且每个继承人的经营理念可能差异较大，会导致经营决策、公司治理上的不顺，容易形成公司治理僵局。如果死亡股东没有第一序位继承人，其股权由第二顺序继承人即兄弟姐妹、祖父母、外祖父母继承，继承中再引入转继承、代位继承等问题，那么股权分配、公司治理问题将更加复杂。第二，继承人中，如有法律意义上的外国人，公司性质将因股东“外国人”的身份发生变更，股权变更的审批、公司的经营范围、业务开展等，均可能受到影响。第三，有些股东间的合作，仅仅是基于对股东本人的信任、对其能力的认可而展开，换作股东继承人时，合作基础可能不再存在，致使合作无法继续。

基于以上考虑，《公司法》在规定股东资格可由继承人继承的同时，增加了但书，允许股东自行约定继承的相关事宜，并在公司章程中载明。因此，股东应特别重视对股东资格继承问题的处理，在制订公司章程时，一定要排除股东资格的继承，避免产生诉讼之争。

12. 公司解散

《公司法》第一百八十条规定：“公司因下列原因解散：（一）公司章程规定的营业期限届满或公司章程规定的其他解散事由出现”。

从上述规定的解散原因看，公司解散可分为股东自主决定解散与被强制解散两大类。股东自主决定解散又可分为事前约定与事后达成解散决议两类，而公司章程规定的营业期限届满或公司章程规定的其他解散事由出现，属于事前约定的解散事由。在实务中，伴随着公司利益之争愈演愈烈，个别股东权益受到侵害，想通过解散来保护权益、降低损失时，顺利解散越来越难。

公司解散是把双刃剑，可以保护小股东利益、降低损失，也可能使部分股东以公司解散为由损害企业的正常经营及其他股东的权益。将何种情况列为解散事由，具体内容应根据实际需要，在公司章程中进行设定。股东预设解散事由应当极其慎重，须最大限度地维持公司正常经营；除非确有必要，少增设或不增设解散事由。

13. 执行董事的职权

《公司法》第五十条规定："股东人数较少或者规模较小的有限责任公司，可以设一名执行董事，不设董事会。执行董事可以兼任公司经理。执行董事的职权由公司章程规定。"执行董事的职权并非参照董事会职权执行，而是由公司章程规定，如何规定，完全授权股东决定，但应当考虑边界问题，《公司法》的立法意图和目的是建立有效的公司架构治理机制，这标志着完善股东会、董事会、监事会、经营管理层的"三会一层"的架构层次，给股东、公司、债权人等各方利益相关方以均衡的利益保护，维护其权利。因此，在公司章程中设立执行董事的职权时，一般性的公司事务交由执行董事来直接处理，如果涉及公司和股东的重大利益时，则应由股东会来做决定，既能保护股东的利益，又能降低执行董事的法律风险。

14. 监事会职工代表比例

《公司法》第五十一条第二项规定："监事会应当包括股东代表和适当比例的公司职工代表，其中职工代表的比例不得低于三分之一，具体比例由公司章程规定。监事会中的职工代表由公司职工通过职工代表大会、职工大会或者其他形式民主选举产生。"该条规定了监事会职工代表比例的最低标准不得低于三分之一，至于高于三分之一（含三分之一）的标准则交给了股东，由股东制定公司章程来确定。这里需要了解设立监事会的目的，主要是防止董事会、经理滥用职权，损害了公司和股东利益而设立的专门监督机构，监事会代表股东行使监督职能，维护公司和股东的合法利益。

15. 监事会职权扩充

监事会除行使《公司法》第五十三条赋予的“（一）检查公司财务；(二）对董事、高级管理人员执行公司职务的行为进行监督，对违反法律、行政法规、公司章程或者股东会决议的董事、高级管理人员提出罢免的建议；(三）当董事、高级管理人员的行为损害公司的利益时，要求董事、高级管理人员予以纠正；(四）提议召开临时股东会会议，在董事会不履行本法规定的召集和主持股东会会议职责时召集和主持股东会会议；（五）向股东会会议提出提案；(六）依照本法第一百五十一条的规定，对董事、高级管理人员提起诉讼”等六项职权外，还可以在公司章程中扩张监事会的职权。监事会对股东（大）会负责，因此，应采取保障监事的知情权以及落实监事会的议事规则，及时对公司董事、高级管理人员履行职责的合法性进行监督。

16. 聘用、解聘会计师事务所

《公司法》第一百六十九条规定：“公司聘用、解聘承办公司审计业务的会计师事务所，依照公司章程的规定，由股东会、股东大会或者董事会决定。”这里需要注意的是，上市公司关于聘用和解聘会计事务所的程序、审计费用等还应当依据《上市公司章程指引》以及上海交易所、深圳交易所的规定。比如深圳交易所制定的《深圳证券交易所股票上市规则》(2018 年修订),要求公司聘用、解聘年审会计事务所必须由股东大会决定等。

17. 对公司高级管理人员范围的规定

《公司法》第二百一十六条规定:“本法下列用语的含义:(一)高级管理人员,是指公司的经理、副经理、财务负责人,上市公司董事会秘书和公司章程规定的其他人员。”该条规定了公司章程对公司高级管理人员范围的规定。公司是否需要在公司章程中规定高级管理人员的范围呢?答案是肯定的,尤其是高科技企业的技术人员,由于对公司的重大经营决策产生十分重大的影响,因此应当列为公司的高级管理人员,属于公司章程规范的对象,比如增加这样的表述:“本章程所称高级管理人员包括公司的总经理、副总经理、总经理助理、财务负责人、技术部门负责人、董事会秘书以及经过董事会会议决议确认为担任重要岗位和职务的其他人员。”

二、 公司章程中关于股权转让的两类重要问题

1. 公司章程中绝对禁止股东进行股权转让

《公司法》第七十一条共有 4 款规定,具体内容分别是:第一款:有限责任公司的股东之间可以相互转让其全部或者部分股权。第二款:股东向股东以外的人转让股权,应当经其他股东过半数同意。股东应就其股权转让事项书面通知其他股东征求同意,其他股东自接到书面通知之日起满三十日未答复的,视为同意转让。其他股东半数以上不同意转让的,不同意的股东应当购买该转让的股权;

不购买的，视为同意转让。第三款：经股东同意转让的股权，在同等条件下，其他股东有优先购买权。两个以上股东主张行使优先购买权的，协商确定各自的购买比例；协商不成的，按照转让时各自的出资比例行使优先购买权。第四款：公司章程对股权转让另有规定的，从其规定。

第一款规定股东之间可以任意自由转让股权。第二款、第三款对股东对外转让股权做出限制性规定。《公司法》为什么对有限责任公司的股权转让做出限制性规定？这主要是考虑有限公司的人合性，是对共同权利人意思自治的一种保护。第四款为对公司章程的授权性条款，即公司章程对股权转让另有规定的，从其规定。所以，在这里需要特别注意：公司章程中绝对禁止股权转让是否违反法律规定呢？根据《民法总则》第一百二十五条的规定，股权是属于公民、法人等民事主体依法所有的财产权利，股东依法享有占有、处分、收益等权利。公司章程如果绝对禁止股权转让，那么就属于剥夺民事主体对财产的处分权。因此，公司章程中若规定股东绝对禁止转让股权，这样的规定应是无效的。

2. 公司章程中强制离职股东转让股权

目前社会由资金资本为王时代进入人力资本时代，公司迅速发展壮大靠的是人力资本、人才！而人才竞争日益激烈，仅靠“死工资”是难以留住人才的，因此，越来越多的企业，特别是高科技企业，采用了股权激励制度。这些股权激励制度有的在公司章程中约定，有的在股东协议中约定，但都少不了一条重要规定——职工股东离开公司后应转让所持股权。

根据《公司法》第七十一条第四款的规定，股权转让属于有限责任公司章程自治的内容。那么，公司章程中约定“离职股东需转让股权”，是否侵害了股东对股权的自主处分权？根据《民法总则》第一百二十五条的规定，股权属于一项财产权利，民事主体的财产权利受法律保护，任何组织和个人不得侵犯。但是，股权不仅仅是一项财产权，也是一项身份权，是一种综合性的权利。因此，《公司法》赋予了具有高度人合性的有限公司在不违反法律法规强制性规定时，依法可以对股权转让事宜进行自由的约定。正是由于保护财产权与章程意思自治两种原则的碰撞，从而导致人民法院在审判过程中就“强制转股”条款效力的裁判观点并不一致。实践中，一般有以下两种情形存在：第一种情形，依据保护财产权原则，认定为无效；第二种情形，依据公司章程意思自治原则，认定为有效。面对司法审判的这种不确定性，作为股东该如何进行公司股权的架构，从而取得合法有效的结果呢？

首先，应当尊重公司的意思自治，认可公司章程中“离职转股”条款的效力。一般而言，应在初始章程中规定该条款，这体现的是一种基于全体股东一致同意的通过方式。

其次，对于经过股东一致同意或者资本多数决议条款，一般应认可其效力，除非案件相关事实及当事人能够举证证明大股东修改公司章程出于恶意、压迫小股东等“滥用股东权利侵害其他股东权益的情形”。若该条款存在违反法律或公共利益的情形，将会被认定为无效。

再次，对于股东不同意股权转让价格的情形，应在公司章程中约定“离职股东需转让股权”有效，但是股东对其所有的股权仍享有议价权和股权转让方式的决定权。

最后，股权回购价格、股权转让方式的规定应当公平、合理，若股权转让价格、方式不合理，该条款将被视为对股东财产权利的恶意侵犯，进而被认定为无效。因此，应在公司章程中约定：股权转让的价格，按照上一年财务报告的股权净额回购，而股权转让的方式，可以约定转让给具体的股东。

案例：阿里巴巴合伙人制度

企业之道就是两个字：人、事，合伙人制度则是用人成就了事。人一旦走了，“企”就变成了“止”，意味着企业的终止。因此，合伙人制度是企业家必备的用人武器、发展利剑。

——方富贵

一、选择比努力重要

自党的十九大以来，我国进入了新时代，传统的雇佣形式已经向合伙人制升级，“合伙人制度”这个概念也被大大小小的企业和创业者玩得热火朝天，莫衷一是。

企业刚成立，在格局没到、钱也没到的时候，想吸引到人才的话，也行只能靠理想、愿景和情怀。大家都在谈阿里巴巴，谈到阿里巴巴的两名永久合伙人马云和蔡崇信。无论是阿里巴巴这家企业，还是阿里巴巴的两名永久合伙人，都是非常令人钦佩的，但这并不代表我们要去复制其传奇，而是通过学习和深入了解阿里巴巴的合伙人制度，给我们一些思考、启发、借鉴。

据蔡崇信回忆，1999 年他在香港工作，经朋友介绍初识马云。第二次与马云见面是在杭州西湖边上，蔡崇信带着已有身孕的妻子与马云一同划船游玩。在目睹了马云团队的工作氛围以及了解马云对阿里巴巴的前景展望后，蔡崇信便决定加入阿里巴巴共同创业，马云听到后惊讶得差点一头栽进西湖里。随后，蔡崇信便成了阿里巴巴的正式成员，负责公司的融资、法务、财务等相关事宜。

蔡崇信表示，阿里巴巴的独特之处就在于合伙人制度，阿里巴巴能有今天的成就，是所有阿里人共同努力的结果。

1999 年，蔡崇信就看到了未来互联网世界的前景吗？看到了马云团队实现这个前景的能力吗？应该没有，但蔡崇信必定经过充分分析，然后进行判断。人们常说选择比努力重要，其实，选择前的分析判断更重要，这也是我们学习阿里巴巴合伙人制度的原因所在。

二、 阿里巴巴合伙人制度的春与秋

这是个看结果的时代，但是更应该看到结果背后的“解锁密码”。根据阿里巴巴于 2014 年 5 月 7 日向美国证券交易委员会提交的 IPO 招股说明书及其他公开披露的信息，阿里巴巴初创于 1999

年、并在2013年正式确立的阿里合伙人制度被揭开了神秘的面纱。

其实，在美国上市的阿里巴巴与国内的阿里巴巴是不同的。美国上市的阿里巴巴全称是 Alibaba Group Holding Limited（中文名称：阿里巴巴集团控股有限责任公司），注册在开曼群岛，股票代码：BABA。

阿里巴巴的合伙人制度又称为湖畔合伙人制度，该名称源自1999年马云创建阿里巴巴的地点——湖畔花园。阿里巴巴合伙人制度的目的是通过制度安排以掌握公司控制权，保证核心创始人和管理层的权益，并传承他们所代表的企业文化。

据知情人士透露，合伙人制度的尝试开始于阿里巴巴成立的最初几年。当时，阿里巴巴的高管就已开始探寻自己商业帝国“千秋万代”的秘方，他们从罗马帝国的崩溃和美国国会的建立中吸取了经验教训。在伦敦，他们造访了白金汉宫，还坐在英国议会大厦附近的草坪上构思——当时在他们脑海中的，就是如今阿里巴巴合伙人制度的股权架构布局及运营架构。

通过设立特殊权力机构以对抗其他股东的权利并稳定创始人和管理层的控制权，是阿里巴巴合伙人制度的关键和核心。具体内容及分析如下：

1. 阿里巴巴合伙人制度中合伙人的条件

条件如下：①合伙人必须在阿里巴巴服务满5年；②合伙人必须持有公司股份，且有限售要求；③由在任合伙人向合伙人委员会提名推荐，并由合伙人委员会审核同意其参加选举；④在一人一票的基础上，超过75%的合伙人投票同意其加入，合伙人的选举和罢免无须经过股东大会审议或通过。

此外，成为阿里巴巴合伙人还要符合两个标准：对公司发展有积极贡献；高度认同公司文化，愿意为公司使命、愿景和价值观竭尽全力。

2. 阿里巴巴合伙人的退出机制

根据阿里巴巴公布的资料，阿里巴巴的合伙人符合以下某一情形的，就丧失了合伙人的资格：①60岁时自动退休；②自己随时选择退休；③离开阿里巴巴工作；④死亡或者丧失行为能力；⑤被合伙人会议50%以上投票除名。

同时，阿里巴巴又规定了永久合伙人和荣誉合伙人两种特殊的合伙人身份。目前永久合伙人只有马云、蔡崇信。永久合伙人的产生，可以由选举产生，也可以由退休的永久合伙人或在职的永久合伙人指定。

3. 阿里巴巴合伙人制度中合伙人的提名权和任命权

权利如下：①合伙人拥有提名董事的权利；②合伙人提名的董事占董事会人数一半以上，因任何原因董事会成员中由合伙人提名或任命的董事不足半数时，合伙人有权任命额外的董事以确保其半数以上董事控制权；③如果股东不同意选举合伙人提名的董事的，合伙人可以任命新的临时董事，直至下一年度股东大会；④如果董事因任何原因离职，合伙人有权任命临时董事以填补空缺，直至下一年度股东会。

阿里巴巴合伙人的提名权和任命权可视作阿里巴巴创始人及管理层与大股东协商的结果，通过这一机制的设定，阿里巴巴合伙人拥有了超越其他股东的董事提名权和任免权，控制了董事人选，进而控制董事会，决定了公司的经营运作。

4. 合伙人委员会的构成和职权

合伙人委员会共 5 名委员，负责：①审核新合伙人的提名并安排其选举事宜；②推荐并提名董事人选；③将薪酬委员会分配给合伙人的年度现金红利分配给非执行职务的合伙人。委员会委员实施差额选举，任期3 年，可连选连任。合伙人委员会是阿里巴巴合伙人架构中最核心的部门，把握着合伙人的审核及选举事宜。

三、 阿里巴巴合伙人制度为何如此受青睐

阿里巴巴合伙人制度的合伙人与《合伙企业法》中所说的合伙企业的合伙人是一回事吗？与《公司法》以及《合伙企业法》的关系怎么样？对公司股权布局以及控制权的架构有什么借鉴意义？阿里巴巴合伙人制度为何会如此受青睐？

首先，根据上述对阿里巴巴合伙人制度的分析，成为阿里巴巴合伙人要满足在公司任职 5 年以上，对公司做出过重大贡献，高度认同公司文化，愿意为公司发展竭尽全力；其权利实际上是公司的核心管理层，符合《公司法》有关的董（事）、监（事）、高（级管理人）之规定，享有股东表决权，对公司债务承担出资部分的有限责任。合伙人要在60 岁时退休或在离开阿里巴巴时，同时退出合伙

人（永久合伙人除外），这与只要持有公司股份就能保持公司的股东身份不同。

根据《合伙企业法》，合伙企业分为有限合伙企业和普通合伙企业。有限合伙企业的合伙人分为普通合伙人和有限合伙人，普通合伙人承担无限连带责任，而有限合伙人以其认缴的出资额为限对合伙企业债务承担责任，普通合伙人对企业债务的承担范围要大于有限合伙人。普通合伙企业只有普通合伙人，承担无限连带责任。普通合伙人的主要权利是参与合伙企业的经营管理，获取合伙企业利润，主要义务是对合伙企业的债务承担无限连带责任。

由此可以看出，阿里巴巴合伙人制度的合伙人与合伙企业的合伙人完全不是一回事，与《合伙企业法》等法律法规规范定义的合伙人存在本质上的区别。

其次，判断合伙人制度是否符合《公司法》的规定，要看其是否符合《公司法》有关有限公司的规定。有限公司董事的产生，《公司法》只规定了董事的选举由股东会负责表决，对其提名未做规定。根据法无禁止皆可为的私法原则，股东可以就董事的提名办法进行协商，并可把协商结果写进公司章程。据此而言，合伙人制度与《公司法》不冲突。

合伙人制度的本质是在董事的提名权上同股不同权。阿里合伙人会议并没有取代董事会来管理公司，合伙人会议的主要权力是董事会成员候选人的提名权。也就是说，合伙人拥有人事控制权，而非公司运营的直接管理权。对此《公司法》又是如何规定的呢？如前所述，关于董事的提名，《公司法》没有规定，因此股东可以协商。《公司法》规定，股东可以约定不按照出资比例分取红利或者优先认缴出资。关于表决权，股东会会议由股东按照出资比例行使表决权；但是，公司章程另有规定的除外。由此可见，《公司法》是允许有限公司同股不同权的，因此，合伙人制度与《公司法》不冲突。

再次，阿里巴巴合伙人制度的核心内容是赋予合伙人董事会过半数董事的提名权，其适用于有限公司，与《公司法》不冲突，为公司控制权的架构所借鉴。

公司为有限公司，如果设立董事会，可以通过分配董事提名权来实现创始股东对公司的控制。具体来说就是，如果需要公司为全部创始股东所控制，可以设立类似合伙人的机构并赋予其过半数、三分之二甚至全部董事的提名权，从而实现创始股东对公司的永久控制；如果需要公司为一位创始股东所控制，可以赋予其过半数、三分之二甚至全部董事的提名权，从而实现其对公司的永久控制。这对于公司股权布局以及控制权的架构有很好的借鉴意义。

《公司法》规定，股东人数较少或者规模较小的有限公司，可以设一名执行董事，不设董事会。执行董事可以兼任公司经理。如果本公司股东人数较少，也可以不设立董事会，只设立一名执行董事。执行董事的提名权可以赋予创始股东，从而实现创始股东对公司的控制。当然，公司股权布局以及股权控制权的架构也可以借鉴双重股权结构，赋予创始股份一股多票表决权，使其控制股东会的表决，从而实现对公司的控制，比如京东、小米。

最后，为了保证公司的运转和决策的正确性，需要进行股权布局和股权架构，通过公司章程的设计，来保证股权和决策权分离、股权和经营管理权分离，乃至股权和利润分离（同股不同利）。

实际上，任何以人力资源为根本的公司，都多少要引入合伙人制度，否则空有资本，难逃人走茶凉的悲剧。人并不每时每刻都是善良的，所以要相信制度的力量，好的制度才有好的力量。随着现代科技的发展，人变得越来越重要，这也是现在合伙人制度盛行的原因吧。

小结

阿里巴巴有一个最令人匪夷所思的现象：创始人团队是最为庞大的，但却是最为稳定的，“十八罗汉”至今没有出现任何内讧，在阿里巴巴的风风雨雨中一直保持着一致行动。在股东会和董事会层面，阿里巴巴合伙人制度有效平衡了金融资本和产业资本的力量，则是公司管治中的核心问题，这不但彰显了合伙人制度对公司的控制权，而且焕发出企业文化的力量！

创造价值是企业存在的根本意义，而“合理的利益分配”从古至今却没有一个标准的答案。阿里巴巴合伙人制度无疑是一个更接近于完美的利益分配解决办法，这与京东等公司的双层股权结构（AB 股结构）的治理架构实际是一个目的，只不过表现形式不同而已。

任何事物都两面性，再好的制度也有不完美的地方，合伙人制度也一样。因此，要结合企业的不同时期和发展状况，充分恰当地设计运用合伙人制度，既要做到让合伙更长久，也要做到让企业更值钱。

第三堂课　股权激励

第一节　股权激励的历史视角

一、 股权激励的前世今生

1. 股权激励从何而来

股权激励来源于哪里？大多数的说法是股权激励机制起源于美国。1952 年，美国菲泽尔公司（又名美国辉瑞制药）设计并推出了世界上第一个股票期权计划，由此拉开了西方国家推行股权激励的序幕。当时的起因是美国个人所得税太高，极大地打击了管理者的积极性，为了避免公司高管的薪酬被征收高额的所得税，菲泽尔公司多方寻求合理的避税手段，于是推出了股权。因此期权计划股权激励的最初目的不是为了激励而是避税。1956 年，美国潘尼苏拉报纸公司设计出了员工持股计划（Employee Stock Ownership Plans,

ESOP)，这是股权激励的又一种形式。这家公司在当时只是一家小型的报纸连锁公司，很大程度上由于员工持股计划而获得了稳步发展。

到了 20 世纪 60 年代后期，日本也开始效仿 ESOP 的股权激励形式。1974 年，美国颁布了《雇员退休收入保障法》，在立法中对 ESPO 给予了认可。至此股权激励在美国、日本得到进一步发展，由此也引起法国、英国、意大利、澳大利亚等很多西方国家的效仿。但是，此时的股权激励并没有给被激励者带来明显的财富增长。直到 20 世纪 90 年代，股权激励分配制度的财富效应才凸显出来。这时候正是美国股票交易历史上的大牛市，股票期权带来的巨大收益引起了美国公司的普遍关注。1997 年，美国实施股票期权计划的上市公司比例达到了 53%。在 2008 年股市暴跌前，期权的收入占管理层总收入的 80% 以上。

在国外的股权激励案例中，一般会提到安然事件，该事件直接导致美国证券交易委员会出台了 32 项规定来完善上市公司股票期权等股权激励行为。其实安然公司实施的股权激励计划本身是没有什么可谴责的，只是在实施过程中被人恶意利用，从而误入歧途。

2. 我国股权激励的渊源

说起股权激励来源于美国，有很多人并不认同，认为股权激励起源于中国山西晋商的身股制度。尤其是《乔家大院》《那年花开月正圆》等电视剧的播出，让大家对晋商当时的身股制度有了更直观的认识。身股制度本质上就是今天我们所说的股权激励制度。

身股当时也叫顶身股，相对于出资的银股。身股不需要出资即拥有一般股份的分红权，但不具有继承、转让和表决权，也被称为“分红股”。据记载：一个小伙计入号，先得当 3 年学徒，做一些伺候掌柜之类的粗活，闲暇学习打算盘、练毛笔字。但字号只管饭，不给工钱。满徒后，按月发给薪资，但还顶不上身股。起码等 3 个账期（大约需要 10 年）以后，工作勤勤恳恳，没有出现重大过失，经掌柜向东家推荐，各股东认可，才可以顶身股。伙计的身股从一二厘逐步增加。每次增加的身股，记入“万金账”，予以确认。身股分红的发放也比较科学，每逢账期（一般 3 ~ 5 年为一个账期）结算，发放红利。但是需要提取“花红”，即损失赔偿准备金。如果顶上身股后发生了重大过失，还可酌情扣除身股，直至开除。身股制度在我国实行了几百年，新中国成立前还一直存在。由此看来，我国的股权激励也是源远流长的。

3. 我国股权激励的发展状况

我国现代意义上的股权激励计划实施较晚，相关政策并不完备。2005 年 4 月，我国开展股权方案改革，一些上市公司在发布股份分置方案时推出了股权激励计划。随后，国务院国资委出台了《国有控股上市公司实施股权激励试行办法》的征求意见稿，中国证监会发布了《上市公司股权激励管理办法试行》，财政部公布了包括《企业会计准则第 11 号——股份支付》在内的 38 项会计准则。这些相关法规政策的完善，推动了股权激励的进一步发展，但当时实施股权激励的主要还是一些大型上市公司。近年来，随着新三板市场的发展，更多新三板公司和非上市公司也开始实施股权激励计划。

自2011年开始，我国实施股权激励的上市公司数量增长迅速，每年都超过百家。2016年《上市公司股权激励管理办法》的实施，为股权激励的发展提供了更多保障。2017年更是上市公司实施股权激励的爆发年，这主要得益于2016年年末至2017年IP0的加速，其中仅2017年的新增IPO企业就超过400家，创历史新高。新的IPO企业是实施股权激励计划的主要力量，一年内沪深两市公告实施股权激励的公司数量达四百多家。同时，2017年也是国企改革的提速年，很多国有上市公司借改革的东风推出股权激励计划。2018年8月15日，中国证监会审议并通过《关于修改〈上市公司股权激励管理办法〉的决定》。上述规定进一步推动了股权激励的发展。

相对于股权激励开展得热火朝天的上市公司，新三板公司的股权激励处境有些尴尬。新三板公司大部分都处于快速发展的时期，股权激励对公司的发展尤为重要。大多数新三板公司对股权激励不够了解，缺乏专业的知识。不合理的股权激励方案，效果可能会适得其反。从新三板公布的股权激励的方案中我们可以看到：有的公司把实施股权激励的目的由“激励员工”变成了“改善公司资本结构，满足公司战略发展和资本运作的需要”；有的公司向员工直接赠送股份；还有的公司根本没有设置行权条件、退出条件，或者行权条件不规范、退出条件不明确……这些不完善、不专业的股权激励是导致股权激励失败的直接因素。但是，新三板作为一个新兴的市场，也为中小企业与资本市场对接提供了良机，为实施股权激励拓展了巨大的空间。

目前，非挂牌上市的中小企业数量已经达到几千万家，占中国企业数量的90%以上，并且提供了80%的就业岗位。对于数量庞大的非挂牌上市的中小企业股权激励的情况，当前没有公开的具体数据。但是，由于中小企业的股权高度集中在创始人的名下，并受限于企业的规范性和持续性经营能力，实施股权激励的企业数量很少。中小企业规模小、资金少、福利差，很难吸引到优秀人才，而其发展又迫切需要人才。由此，非挂牌上市的中小企业比挂牌上市的公司更需要利用股权激励吸引人才、留住人才，共同发展。

在人力为王的时代，无论是挂牌上市公司还是非挂牌上市企业，都需要利用股权激励将企业利益与核心人员捆绑，实现企业的快速、稳定发展。实施股权激励是企业发展的必然趋势，好的股权激励能让员工和企业双赢，不好的股权激励适得其反。

二、 揭开股权激励的面纱

1. 看清股权激励的面目

(1) 股权激励的本质。

“21世纪什么最贵？人才！”这句话深刻地反映了我们正处在人力资本时代，人才成为企业发展的第一推动力。

现代企业的发展已经超出了企业所有者自己经营管理公司的范畴，实际进行经营管理的团队往往不是企业的所有者，就产生了所有权和经营权分离的情况。股权激励是企业以其所有的股权为标的，对其董事、高级管理人员及其他员工进行的长期性激励。股权激励的实质就是企业用股权的价值与参与企业经营管理的员工的人力资本的价值交易。既然是交易就要以等价交换为基础，公平合理地进行交易。人力资本表现为人的各种知识、劳动与管理技能、健康素质等综合能力。在交易双方中，对股权的价值和人力资本的价值进行评定就非常重要，挂牌上市公司可以以市场交易价为准，非挂牌上市企业也有很多评价方法，比如净资产价值评估法、市场比较法、期权价值评估法等多种评估方法。而对人力资本价值的评估通常难以量化，需要通过综合考量岗位层级、历史贡献、岗位性质、发展潜力以及拟授予对象的忠诚度等因素。

既然股权激励的实质是企业用股权交换员工的人力资本，那么企业已经向员工支付了工资和奖金，为什么还要给其股权呢？企业之所以在工资和奖金之外再向员工让出股权，是因为人力资本具有创新性和创造性，有更大的增值空间潜力。企业希望用股权不仅能吸引更高人力资本价值的员工，留住人才，更希望员工能够像企业的所有者一样全身心地为企业提供人力，把工作当成自己的事业；希望他们更加兢兢业业、更加拼搏奋斗，拥有更强的责任心和使命感。“最牛的人都愿意来、来的人都玩命地干、干得好的人都不想走”，这恐怕是企业实施股权激励最理想的目标。

（2）股权激励对企业的影响。

股权激励对员工的影响。股权激励被誉为公司的一副“金手铐”，这形象地说明了股权激励对员工有激励和约束的双重作用。员工被股权激励后，在通过努力提高企业经营业绩和竞争力的同时也能够分享到企业利润带来的收益，实现财务自由。例如，阿里巴巴、百度、京东的成功，造就了很多百万富翁、千万富翁甚至亿万富翁。没有股权激励制度的实施，员工是不太可能通过工资、奖金来实现这样的财富梦的。当然，在分享企业高收益的同时，员工也要承担企业经营带来的高风险，他们不能仅关注眼前利益，还要考虑企业长期稳定发展，共同承担企业经营失败的后果。

股权激励对企业自身的影响。它对企业的影响从长远角度来说是积极和正面的：第一，有利于吸引并留住核心人才。对核心人才进行股权激励，提供较好的企业内部竞争氛围，吸引核心人才进入企业，让他们把目标放在企业的长远发展利益上。第二，充分调动核心员工的积极性和创造力，发掘其潜能，为企业创造更多价值，也将核心员工的利益与企业的盈利捆绑在一起。第三，有效降低企业经营成本。实践证明，实施股权激励计划后，员工的主人公意识增强，工作积极性大幅提高，通过积极的管理有效地降低企业经营成本，提高了企业利润。

股权激励对原股东的影响。第一，原股东股权被稀释，分红比例降低。在实股股权激励中，股权的授予必然会使原股东的股权被稀释、分散，股东的控制权被一定程度地削弱。在虚拟股权激励中，虽然股权不会被稀释，但原股东必须让出一定比例的分红权给被激励对象。有些股东不愿意做股权激励就是害怕稀释股权、降低收益比例。其实，收益比例虽然降低，但收益总量的增加反而会让原股东的收益总额增加。而股权比例的稀释能增加股权的流动性，提高股权价值，原股东同样受益。第二，股权激励的实施对企业透明化、民主化的要求有所提高。在股权激励实施前，有些企业大股东一人说了算，而股权激励的实施必然要求企业在经营管理和利润分配上规范化、透明化、民主化。激励员工如果取得实股股东身份的，根据《公司法》，公司股东依法享有资产收益、参与重大决策和选择管理者等权利，还享有股东会表决权，查阅公司章程、文件和财务报告、会计账簿的权利，分红权，以及对其他股东出让股权的优先认购权等诸多权利。这样一来，企业“一言堂”的管理模式必然要进行改变。

2. 股权激励中的“虚实”之争

(1) 实股虚股要分清。

股权激励中的股权可以分为实股和虚股（又称虚拟股）。实股就是具有实际股东权利、义务的股权，符合《公司法》规定的股东资格的股权，在相关部门登记中为公司的股东。虚股则是不具有《公司法》规定的股东资格的股权，是虚拟的股权，只享有股东资格的部分权利，与《公司法》规定的股东资格无关，不是相关部门中登记的股东。例如上市公司经常采用的限制性股票、股票期权，行权以后均可成为公司的股东，属于实股的范畴，而股票增值权则属于虚股范畴。实股和虚股的区别见表3-1。

表 3-1 实股与虚股的区别

区别项 \ 类型	实　股	虚　股
法律基础与关系	股东关系，受《公司法》的约束	劳动关系，属于《劳动法》的范畴
权利	对公司享有所有权，行使股东权利	对公司不享有所有权，一般仅享有一定条件下的分红权
流动性、变现	流动相强、可以按照约定转让	流动相差，具有人身依附性，不得转让
离职后状态	股权可以依然存续，或按照约定条件出让	离职后收回
适用人员	非常核心人员	一般激励人员
优点	员工归属感强，激励效果明显，转让前不用支付现金，减轻公司现金压力	增减不用召开股东会、不用做登记变更，操作简单
缺点	增减需要按照《公司法》流程召开股东会、进行相关登记	需要现金流较多，员工归属感不强

无论实股还是虚股，对被激励对象而言能够获得收益是最终目的。在实股中，获得的是公司分红的收益和通过股权转让获得差价的收益；在虚股中，获得的主要是公司分红的收益，一般不得转让。用虚股实施股权激励，最为典型的当属华为公司。华为公司的虚股股权激励制度甚至比很多上市公司的期权股权激励更具激励效果。在上市公司股权激励的股票来源方面，需要通过发行新股，或者让原股东出让老股，而且要经过股东大会批准、受相关部门监管、进行公告，操作成本很高；而华为实施的虚股则可以无限增加，股票来源不受限制，而且属于内部发行，几乎没有监管成本。

当然，由于每个企业所处的阶段和情况不同，以及被激励对象的分类不同，实施股权激励一般并不会单一地采用一种激励方式，而是采用虚实结合或者由虚转实等多种组合。

（2）直接持股与间接持股大不同。

在股权激励中采用实股方式对员工进行激励时，员工最终将成为企业的股东。无论股东还是企业都会把 IPO 作为追求的目标，而在申报 IPO 时股权结构的稳定是至关重要的，如果员工直接持股会导致股权结构的不稳定。例如，在申报上市过程中如果员工离职，将直接影响上市大计。所以，在实施股权激励时采用“实股”激励会出现直接持股和间接持股两种不同的情况：直接持股时是直接用目标公司的股权作为股权激励的标的；间接持股则是通过一层或多层的持股平台成为目标公司的法人或企业股东。间接持股的持股平台一般采用公司或有限合伙企业的形式。直接持股与间接持股的区别见图 3-1。

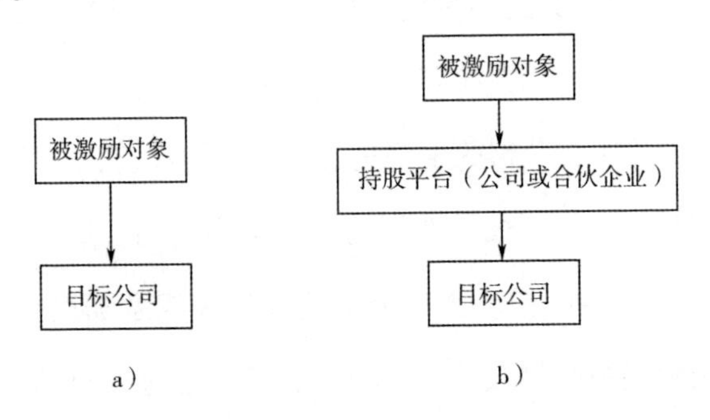

图 3-1　直接持股与间接持股

a）直接持股　b）间接持股

直接持股好还是间接持股好？对员工而言，直接持股归属感更强，股权激励的收益更容易实现，员工更积极。其缺点是员工的变动直接导致目标公司股东的变更，不利于保持公司股权结构的稳定性，变更登记手续烦琐。同时，员工人数过多导致目标公司股东超过《公司法》的限制，且不利于公司的管理。而间接持股，可以将多个被激励对象放在一个平台中，对目标企业而言就是一个股东，平台内人员的增减不影响目标企业，有利于保持企业的稳定性。其缺点是员工参与感弱，激励效果可能不如员工直接持股。

实践中，在间接持股的情况下，有的企业会利用有限责任公司作为持股平台，但大部分企业选择的是有限合伙企业作为持股平台。有限合伙企业作为持股平台的优点很明显：有限合伙企业的合伙人分为管理合伙人（GP）和有限合伙人（LP），GP 负责管理企业，承担无限责任；LP 不参与企业管理，以出资额为限承担有限责任。GP 与 LP 的分红可以按照协议约定进行。这个特点就已经能有效满足企业的资金与管理问题，非常适宜作为员工股权激励平台。同时，有限合伙企业不必设立《公司法》要求的“三会一层”，经营成本比公司低。而且有限合伙企业的设立和解散的程序比较简单，不必像公司那样经过烦琐的法定程序。最为关键的是，有限合伙企业可以合法地规避双重税收，合伙企业不是税法上独立的纳税主体，不需要缴纳企业所得税，税收实行“先分后税”的原则。这种灵活的经营方式决定有限合伙企业成为持股平台的首选。

（3）实股、虚股的税收差异。

实股的税收因持股方式的不同而有所不同。在直接持股的情况下，如果符合递延纳税条件，被激励对象在取得和持有股权时不用缴税；当取得分红时个人需要按照“股息、红利”缴纳个人所得税；在转让持有的非上市公司的股权时需要按照“财产转让所得”的规定缴纳个人所得税。

对于间接持有实股的情况，根据持股平台的不同，税负也不相同。持股平台在取得和持有股权时不需要缴税；对于持股平台取得的“股息、红利”，按照《中华人民共和国个人所得税法》（以下简称《个人所得税法》）的规定，该项收入属于免税收入，不需要缴税；合伙企业本身不是纳税主体，分配到合伙人个人的“股息、红利”则按照“股息、红利”缴税。持股平台在转让股权时，如果持股平台是公司，则可能会产生企业所得税。如果持股平台是有限合伙企业，则无须缴纳企业所得税，而是在直接分配给合伙人后，由合伙人按照经营所得缴税。但是，在实践中，对于有限合伙企业转让股权时的转让所得，各地都有不同的优惠政策，很多地方也是按照投资受益的“股息、红利”或“财产转让”缴纳个税。

对于虚拟的股权激励，被激励对象在取得、持有股权的情况下，均不需要纳税。但是在取得分红和转让收益时，需按现行税率缴纳个人所得税。

股权激励的“虚”“实”之争很难分出胜负，直接持股、间接持股也各有利弊。作为企业的股权激励方案，应当根据其发展阶段、激励人员的情况、企业资金状况等情况，综合考虑“虚实”结合、直接持股与间接持股兼顾，制订全面的股权激励计划。

3. 不同的股权激励模式你分得清吗

西方发达国家的股权激励有成熟的模式，种类较多。国内股权激励经常采用的种类则相对简单。当然，股权激励的模式不是一成不变的，随着社会的发展，股权激励的模式也在不断创新。下面就几种常见的股权激励模式做简单介绍。

（1）股票期权。

股票期权是指企业授予所激励对象可以在未来确定的期限内，以约定的价格和条件购买公司约定数量的股票（股权）的权利。激励对象获得的是一种可以期待的权利，期权的持有人在未行权之前是不能参与相关权利所对应利益的分配的。满足行权条件的被激励对象可以选择行使权利，按照约定购买企业股票（股权），也可以放弃权利。期权价格、期限等往往会事先约定，被激励对象在行权期限内未行权的，一般被视为放弃行权。另外，上市公司以股票期权作为股权激励方式的，还应当符合《上市公司股权激励管理办法》的规定。

（2）限制性股票。

限制性股票（股权）是指按预先确定的条件授予激励对象一定数量的本企业股票：只有在满足预定条件时，激励对象才可将限制性股票抛售并从中获利；在预定条件未满足时，企业有权将限制性股票收回或者按激励对象购买价格回购。

限制性股票（股权）的被激励对象在持有或出售股票等权利时受到一定的限制。这种限制一般包括股票获得条件的限制和股票出售的限制。在限制期（禁售期）内，被激励对象虽然持有股票（股权）但不得出售，而且在一般情况下，解锁也需要分期解锁等。与股票（股权）期权不同的是，在限制性股票（股权）中，被激励对象得到的是一种实股，只是这种实股是一种有限制条件的实股，在经过禁售期后分批解锁出来，而不是如股票期权那样经过行权才把股票期权变成股票的实股。相同的是，上市公司实施限制性股票的股权激励也要符合《上市公司股权激励管理办法》的规定。

（3）股票增值权。

股票增值权是指公司授予激励对象在未来一定时期和约定条件下，获得一定数量的股票价格上升带来收益的权利。股票增值权的行权期一般比较长，这样有助于约束激励对象的短期行为。这种情况多适用于现金流充裕且发展稳定的公司。

（4）虚拟股票。

虚拟股票是指企业授予激励对象一种虚拟的股票，激励对象可以根据被授予虚拟股票的数量参与企业的分红并享受股价升值收益，但没有所有权和表决权，也不能转让和出售，且在离开公司时自动失效。非上市公司选择虚拟股票方式进行股权激励的情况较多。

（5）业绩股票。

业绩股票是指期初确定一个合理的业绩目标和一个科学的绩效评估体系，如果激励对象经过努力实现目标，则企业授予其一定数量的股票或提取一定比例的奖励基金购买股票后授予被激励对象。这适合于业绩稳定并持续增长、现金流充裕的企业。

三、 中小企业股权激励落地

上市或拟上市的公司中股权激励的实施较为普遍，也有较为完善的法律法规等相关的规定。2018 年 8 月 15 日中国证监会修订了《上市公司股权激励管理办法》，对上市公司实施股权激励的内容进行了详细规定。由于上市公司资金雄厚，有专业的人员操作实施股权激励，而中小企业缺少资金、人员，没有相应的标准作为参考，股权激励实施起来难度更大，下面我们针对中小企业的特点，来讨论中小企业股权激励如何实现落地实施。

1. 实施股权激励的八大注意事项

冯仑曾说："满书店都是爱情教程，可满大街都是不幸婚史；满街都是管理书籍，却到处都有破产企业。"现在网络上有各种教企业做股权激励的课程，但仍然有很多新的失败的股权激励案例。因为股权激励涉及法律、管理、税务等专业问题，且实施周期较长，在实施股权激励之前一定要全面考虑，尤其要注意以下八大事项。

（1）实施股权激励的目的。

很多人可能会觉得这个问题无须多说，无非就是激励员工多干活。其实，我们应当清楚：股权激励是一种交易，企业让出股权的目的是换取员工将来的人力资本；股权激励不是对员工已取得成绩的奖励，应避免将股权激励变成一种福利奖品。还有的企业把股权激励当作少付员工工资的一种手段，想方设法让员工少拿钱。甚至有的企业由于缺钱了才实施股权激励，把股权激励当作向员工融资的手段。很显然，如果实施股权激励的目的不正确，最终将无法达到企业和员工双赢的结果，这样的股权激励也是不能长久的。所以，在实施股权激励之前，企业一定要考虑清楚为什么要实施股权激励，想达成什么样的目的。

（2）股权激励采用模式的确定。

股权激励的模式通常包括两个方面：一是指股权激励实施的模式。前面我们讲到股权激励实施的模式很多，并且还在不断地被一些公司创新。企业实施股权激励需要根据每个企业的发展阶段、管理模式等实际情况的不同来进行有效评估，以选择合适的激励模式。一个好的股权激励往往是两种或两种以上模式的结合，很多时候单一的模式无法满足企业针对不同员工、不同阶段的多种需求。

二是指股权激励的持股模式。关于股权激励的持股模式就是前面我们讲到的直接持股和间接持股的问题，以及权衡不同的持股平台的利弊。企业可以根据所处的不同阶段和不同人员，结合企业的实际情况选择不同的持股平台。

（3）股权激励中被激励对象的确定。

从理论上讲，每一个员工都值得被激励。例如永辉超市在一次调研时发现，没有被激励的一线员工脸上很难见到笑容，在码放果蔬的时候就会出现“往一边丢”“往那一砸”的现象，因为超市损失多少果蔬与其没有关系。而在永辉超市对一线员工实施了“合伙人制度”的激励后，员工在码放时就会轻拿轻放，并注意保鲜程序，这样一来果蔬的损耗率只有4%～5%，远低于国内平均30%的损耗率。

当然，对于全员持股的股权激励也不可盲目进行。股权激励是为了让员工能与企业共享成果、共担风险、共同发展，无论企业将来出现什么情况，受激励的员工都能与企业一起共渡难关，如果不能做到这些，那么就不必用股权激励的方式。同时，有些人的价值观、能力与企业是否匹配还是个未知数，需要不断磨合。实际案例中多家企业都出现过这样的现象：新招聘的总监级的员工，老板对其抱有很高的期望，希望能用股权激励留住人才，为企业创造更高的价值，但结果证明其并不符合企业发展的需求。也有一些企业提倡全员持股，给予员工过多的股权，然而很多员工经过一段时间的磨合，因业绩、能力或价值观与企业存在差异，导致股权激励失败。因此，在股权激励中被激励对象的确定没有一个固定的范围，而是要根据企业自身的实际情况和行业特点选择适合企业发展的被激励对象。

（4）股权激励中股权数量的确定。

股权激励的股权数量包含两个部分：总量和分量。总量是实施整个股权激励要占用的股权总量，这个总量是企业在进行架构设计的时候就需要考虑的问题，一般都要预留一部分用于实施股权激励。要注意的是，股权激励的实施不应一次到位，而要分批次实施，还要考虑每一次实施股权激励的总量。这个总量还要考虑未来总体员工持股比例和股权控制的问题。分量是每个参与股权激励的员工所分配的股权数量，这也是一个非常复杂的问题，我们可以从不同的方面来进行考量，例如岗位价值的重要程度、个人能力的大小、历史贡献的多少、市场稀缺程度、文化认同度等。也可以将这些转换成指标：比如薪酬（岗位价值）、过去几年的绩效（个人能力）、本单位工龄（历史贡献）等。分量还要考虑未来公司的总市值，以及给予员工股权的未来价值等。

（5）股权激励中股权价格的确定。

有这样一个故事：在美国的一个动物园里，新来了一个饲养员。老饲养员告诉他，不要给河马喂过多的食物，以免河马长不大。新饲养员以为听错了，他没有在意，就拼命地喂他的那只河马。但两个月后他发现，他养的这只河马远没有老饲养员养的河马长得快。他认为是两只河马的身体素质有差别，请求与老饲养员换着喂。换过河马后两三个月，老饲养员的那只河马又超过了他喂的河马。他大惑不解，老饲养员这时才一语道破天机："你喂的食物太多了。你喂的河马由于太容易得到食物，反而拿食物不当回事，根本不好好吃，自然长不大。我喂的这一只，因为它获得食物不容易，所以它十分珍惜好不容易得到的食物，好好吃食物，所以身体健壮。"

这个故事告诉我们，珍惜不容易得到的东西是一种正常的生命反应。人也是这样，往往不会珍惜太容易得到的东西。在我们的内心，有一种衡量事物价值的尺度，叫"获取成本"，获取成本高的东西，在我们内心被归类为高价值；否则就被定义为低价值。别人白给的东西，通常被认为是不值钱的，所以才会不珍惜。

被激励对象以什么样的价格获得股权，这一问题非常敏感。企业在实施股权激励的时候会发现这样一个问题：一说到股权激励大家都非常赞同，愿意积极参与；而一说要掏钱购买，很多人就会摇头。是否愿意出钱购买企业的股权，在一定程度上也能说明员工对企业的未来是否充满信心，是否愿意和企业同甘共苦、共同发展。

股权激励具体定价的参考标准：主要可以考虑注册资本价格、公司净资产价格、引入战略投资人确定的价格、市盈率法计算的价格。股权激励的价格一般略低于战略投资人的出资价格，这种方式采用的企业较多，也更公平合理。

（6）股权激励中的股权和资金来源的确定。

进行股权激励的股权的来源主要有：预留股权、原股东转让、增资扩股、公司回购等。这要看企业在进行股权架构时是否考虑了股权激励的事项，一般情况下，在进行股权架构时就要预留股权激励的股权份额，并逐步进行股权激励的释放。所以，我们说股权激励其实是股权架构的重要组成部分。

股权激励的资金来源是指要考虑被激励对象购买股权的资金从何而来。被激励对象因获得的股权数量不同、模式不同，需要的资金量也各不相同，但是无论资金量多少，对员工来说一般都是计划外支出，或多或少都会造成压力。所以，企业在做股权激励的时候也要根据员工的实际情况，考虑资金来源问题。在实践中，有的企业部分或全部为员工垫资，然后由员工分期偿还；有的企业办理贷款，员工按月偿还本金等。如果被激励对象少、级别较高，也可以考虑员工直接出资或分期出资。

（7）实施股权激励时机的确定。

实施股权激励的时机通俗地讲就是什么时候实施股权激励。从理论上讲，企业什么时候都可以实施股权激励，最好的时机是现在。所以，对股权激励实施的时机是没有标准答案的。那么，我们不妨换一个角度，来探讨一下不太适合实施股权激励的情况。

股权激励离不开企业的利润分红，这就要求企业的财务核算要清晰。如果财务不清晰，收支不透明，企业利润由老板说了算，或者是企业家的信用度比较低，不能兑现自己的承诺，在这样的情况下，企业无法取得员工的信任，股权激励就无法达到预期的效果。另一方面，在企业和团队发展不稳定、人才储备不足、公司发展的战略目标不明确的时候，也不适合实施股权激励。因为这个时候选择的被激励对象不稳定、能力不确定，导致股权激励的变动较大、成本较高。所以，要根据企业的情况因地制宜，才能做出更好的股权激励方案。

（8）被激励对象的退出机制。

在实践中，很多企业实施股权激励主要热衷于讨论股权激励的授予，却没有考虑或不愿意讨论员工离职、员工业绩平平、违反企业规定、退休等情况收回股权的情况。一个好的股权激励方案，除了股权激励的具体实施和动态管理外，股权激励的退出是必不可少的部分，甚至决定着股权激励的成败。退出机制是对员工和企业利益的双向保障，在企业股权激励方案中应当充分考虑制定出合理的退出机制。

从退出原因上来划分，股权对象的退出可以分为过错性退出和无过错性退出。过错性退出通常指因被激励对象的过错而导致其退出股权激励的范围。比如：被激励对象违法受到处罚或构成犯罪、严重违反企业规章制度、严重失职、给企业造成重大损失，或者违反其他股权激励方案中规定的情形等；或者被激励对象擅自处分股权激励的相关权利；或被激励对象在约定的期限内离职等。这些均属于过错性退出的情形。无过错性退出通常指员工自身没有过错，但由于其他特殊的情况而需要退出股权激励范围的。例如：被激励对象业绩不能达到预期；被激励对象没有及时行权错过行权期；被激励对象提前离职的；被激励对象退休、死亡的；企业发展需要调整激励方案等情况。

所以，股权激励的退出机制充分体现了股权激励的核心要义：既要有激励性又要有约束性。股权激励的目的就让要让员工好好干，如果员工不好好干、干不好，就要启动退出机制来约束。

2. 中小企业股权激励方案实施程序

前面从股权激励八大注意事项的角度阐述了股权激励的核心要素，下面从股权激励方案实施落地程序方面进一步讨论股权激励方案的实施。对中小企业来说，股权激励的实施先后顺序没有严格的区分，可以根据自己企业的情况进行调整。

（1）完善企业组织架构、规范管理。

良好的股权架构是实施股权激励的前提。股权激励中使用的股权是股权架构中的一部分，股权激励的实施将直接影响股权架构。

实践中很多像5∶5和3∶3∶4的不合理股权结构，不仅仅是投资人不愿意投资的结构，在实施股权激励前也应当重新进行合理的布局。合理的股权结构，既保证公平又兼顾效率，保障创始人对企业的控制力，让企业有一个最终决策者，这对企业的决策和经营管理都是至关重要的。

由于《公司法》对于股东人数的限制，实施股权激励往往涉及多个主体，是一个系统的组织架构关系。在一般情况下，股权激励需要设立持股平台，前面我们比较过设立持股平台的利弊，企业应根据被激励对象的不同进行选择。一般的人员可以设立有限合伙企业或者公司，进行间接持股。在实施股权激励时，应提前设立持股平台，比如设立以企业实际控制人或授权代表作为普通合伙人的有限合伙企业，或实际控制人控制的有限责任公司。

股权激励的方案中的绩效考核也是重中之重，只有将股权激励和绩效挂钩，股权激励才能真正发挥作用，这就要求企业构建完善的岗位职责、绩效考核等管理规范。对于这些专业的问题，一般的企业依靠自身的能力很难完成，选聘专业人员对公司股权架构、岗位职责、绩效考核等进行完善成为实施股权激励必不可少的程序。

所以，在实施股权激励之前完善企业股权结构和组织架构、规范管理是必不可少的，也是至关重要的。

（2）被激励对象的确定。

首先，要根据企业的性质从法律上确定可以成为股权激励的被激励的对象。对于有限责任公司，《公司法》及相关法律法规没有对激励对象做出规定和限制。所以，有限责任公司的被激励对象可以由企业根据自身情况进行自由选择，但工商登记股东人数不得超过50人。而对于上市公司和非上市的公众公司，就有限制性规定，例如公司的独立董事、公司监事和公司控股股东、持股5%以上的高管被排除在激励对象范围之外，这些人员不能成为被激励的对象。所以，从法律上确定被激励对象是保障股权激励顺利进行的前提。

其次，从公司发展规划上进行选择。选择的被激励对象要与公司的发展方向一致，具体要考虑被激励的岗位价值、被激励对象的人品和能力、激励人员的忠诚度，以及被激励对象对企业的历史贡献等，进行综合的判断和评估。股权激励中岗位的价值十分重要，配股要考虑岗位的价值，从被激励对象上考虑；岗位也是考虑的对象，对于重要的岗位要设置岗位股，在特定岗位上的人员就应享有该岗位股，岗位股不因人员的变化而变化。

最后，被激励对象对企业的历史贡献是其成为被激励对象资格的主要因素，而不是获得未来股权多少的主要因素。股权激励的核心目的是激励将来，而非奖励过去。同时，股权激励对被激励的对象要进行一个动态的管理，避免被激励对象躺在股权上睡觉。

（3）召开股东会，确定股权激励的来源。

对于股权激励这样重要的事情，要按照法律规定或公司章程的约定召开股东会，确定股权结构的调整、组织架构的设立、被激励对象的确定、股权激励的股权来源等重要内容。尤其是对于股权激励中股权的来源必须召开股东会，形成有效的股东会决议，这也是股权激励得以顺利实施的重要程序保障。

股权激励的来源包括股权的来源和购买股权资金的来源。

股权的来源一般途径包括：原股东转让、增资扩股、企业设立时预留的股权、回购公司股权等。原股东转让是一种较为简便和灵活的股权来源方式，需要签订股权转让协议，属于股权激励相关协议的一部分。增资扩股是让被激励对象以投资者的角色增加资金投入，扩大企业的注册资本，这种情况多适用于原企业注册资本较小时。原股东转让和增资扩股均需要原股东放弃优先购买权，如果前期有股权融资引进投资人的，还要考虑投资人的反稀释条款。回购本公司股权的问题多用于股份公司。2018 年 10 月 26 日，《公司法》第四次修订，将第一百四十二条“公司收购本公司股份”修改为“将股份用于员工持股计划或者股权激励”。这是国家对企业实施股权激励的一个法律支持，也说明了企业实施股权激励是一个必然的趋势。当然，对有限公司而言，股权没有公开交易市场，不便交易操作，在一定程度上股权回购也就是股权转让的一部分。预留股权一般由指定的股东代持，企业及所有股东应签订协议对该预留及代持进行确认，以免到时候产生不必要的纠纷。

大多数被激励对象的自有资金有限，企业需要提供不同形式的财务资助，包括借款、贷款担保等方式。按照《公司法》的规定，公司从税后利润中提取法定公积金后，经股东会或股东大会决议，还可以从税后利润中提取任意公积金用于股权激励。

（4）拟定股权激励方案。

经常有人向我索要股权激励的方案模板，但是负责任地说，股权激励并没有一个固定的方案模板，由于每个企业所处的行业、发展阶段、人员结构、团队组成等各不相同，股权激励方案是一个定制化的产品，无法直接套用其他公司的方案。股权激励成功与否，关键在于股权激励方案的制订和执行是否与企业的发展相适应。

关于股权激励方案的核心内容在上面讲到的股权激励注意事项中均已经详细阐述，这里再总结一下股权激励方案主要涉及的内容：①股权激励所要选择的激励模式；②股权激励的被激励对象的人员范围及条件要求；③本次股权激励的总规模及个人定量的标准；④股权激励的定价及标准，以及股权激励的考核标准；⑤股权激励实现的目标及可能获得的收益；⑥股权激励退出的情形及退出模式；⑦股权激励的执行；⑧违约责任及纠纷解决。以上这些内容会体现在不同的文件、协议之中，并且要完善企业绩效考核制度、劳动合同、保密协议、竞业限制协议等。所以，要想做出一个全面的股权激励方案，企业通常都需要聘请专业的机构和人员进行操作。专业的事情要由专业的人来做，以降低失败的概率，达到事半功倍的效果。

（5）调查、访谈被激励对象。

在确定被激励对象人员后，要对被激励对象进行详细的调查，尤其是采用实股进行股权激励的人员。有人说这完全没有必要，招聘的时候我们已经调查过了。其实，很多情况下企业未必了解自己的员工，甚至高管。我们经常说“先做人后做事”“人对了事就好做了”，因此，在做股权激励的时候还是要重新好好认识一下将来要和企业同呼吸共命运的被激励对象，包括被激励对象的履历、家庭状况、在公司的岗位薪酬、福利等全方位的信息。同时，还要与被激励对象进行多次访谈，了解被激励对象对公司的期待和想法。这样做的目的是确保股权激励的最终方案是一个符合企业和被激励对象共同利益的方案，以便股权激励更好地落地实施。一个股权激励方案做得再完美，如果无法在本企业落地实施，那也是一个失败的股权激励。尤其是中小企业，根据自身的状况做出适合自己的股权激励方案，远比按照大公司的标准做一套华丽的资料更为实用。

（6）讨论并通过股权激励计划方案。

股权激励的方案不仅要根据情况进行反复讨论，最终确定正式方案，而且在正式方案确定后，还要按照法律程序召开股东会、董事会形成决议，以保障股权激励方案的合法性。

（7）召开股权激励动员或宣讲会。

如果股权激励的股权免费送，想必被激励对象都会接受，但是免费赠送的东西一般人都不会珍惜，因此股权激励中的股权一般都需要被激励对象出资购买。这样有些员工可能会想：是不是企业想少发工资？是不是企业缺钱想要融资？是不是企业有什么别的目的？所以，一个好的股权激励的实施，离不开企业对股权激励的宣讲和动员。做好充足的动员和宣传工作是股权激励落地实施的重要组成部分，尤其是当被激励对象较多时，由专业的人员召开股权激励宣讲会，讲解并回答股权激励中涉及的问题是十分必要的。

（8）签署股权激励文件及相关协议。

被激励对象认可并接受企业股权激励方案，不能只是停留于双方的口头意向，还要签署相关协议，并对其中涉及的文件进行确认。还有的被激励对象涉及劳动合同变更、增加保密协议、竞业禁止协议等，这些都应当一同签订或变更。所以，细致周密地签署相关协议、确认文件是股权激励有效实施的法律保障，避免日后产生不必要的纠纷。

股权激励方案的制订最终是为了很好地实施，完成股权激励方案的制订、签署工作只是万里长征的第一步，股权激励方案是实施股权激励的开端。企业要根据股权激励实施的情况，进行动态管理。

3. 中小企业股权激励的动态管理

股权激励方案制订并签署完成以后，不是双方签完字就企业放心了、员工踏实了，不能把文件资料放到保险柜，仅在行权的时候看看时间、分红的时候看看数额。由于企业在不断地发展变化，股权激励方案的实施不可能一劳永逸。初创期企业关心和强调发展，股权激励一般用于少数核心人员。随着企业不断发展、团队不断壮大，需要更多的优秀人才进入、扩大激励范围或者融资引进投资人等。这些都需要对股权激励进行一个动态的修正、调整。关于股权激励的动态管理，需要关注以下 3 个方面。

（1）股权激励中被激励对象的变化。

在实践中，不少实施股权激励的老板抱怨：一些人股权也拿了，利润也分了，却不想再努力了，开始谈养生了，说要追求高质量的有钱有闲的生活。俗话说“流水不腐，户枢不蠹”，动态的股权激励要在不同时间节点把能为企业创造价值的人都有效地纳入被激励对象中来。既要把老员工调动起来，又要把现在的核心高管激励起来。同时，还可以为未来能够进入企业的人留下入口。

在动态的股权激励中，重要的岗位本身就有被激励的股权，被激励对象在这个岗位上就有这部分岗位股权；无法胜任这个岗位的人员退出，岗位上被激励的股权留下，重要的岗位股不能带走。所以，被激励对象要根据不同的情况进行调整，让干得好的人可以进来，干得不好的人退出，不能一成不变。这样才能达到激励的目的。

（2）股权激励中股权数量的变化。

股权激励中数量的变化主要是总量和个量两个方面：总量的变化是企业根据发展的情况有计划地进行的；而个量的变化，是针对不同的人给予不同的数量的变化。如果被激励对象在不同的时间点可以有更高的职务提升，或者在团队中能够起到更关键的作用，那就可以给予其更多的股权激励。这样能真正让干活的人拿得更多、让产生价值的人拿得更多。如果有人占着岗位不能发挥作用、创造价值，那么我们就要采用数量的动态变化，让其能获得更少或者退出股权激励的范围。股权激励中的股权本就是一种稀缺资源，一定让其发挥激励的作用，做到股权在个人的数量上的动态变化，不能让人一劳永逸地在股权上睡觉。

（3）股权激励中股权价格的变化。

很多企业采用期权、期股或者是持股进行股权激励，这样就会带来股权交割的价格问题。股权激励中股权价格的变化，就是要根据企业的不同发展阶段，根据被激励对象进入企业的时间长短、贡献度大小等，采取不同的价格来进行激励。股权价格的动态管理能够更好地让被激励对象知道自己对企业贡献的多少是和股权价格相匹配的。

另外，对股权激励的进入条件也可以进行动态管理。在企业不同的发展阶段，针对不同的被激励对象的进入条件应当是不同的，不能一成不变。股权激励的进入条件是企业可以自行设计的，也可以通过个人的成长条件和企业的利润增长作为进入条件。这些都是可以由企业在进行股权激励动态管理中根据自身情况设定的。一个成功的股权激励的关键还要做好与激励对象的监督、考核工作等相结合的动态管理，把各项股权激励方案涉及的内容落实到位。

第二节　股权激励纠纷的法律视角

一、股权激励纠纷的种类与区别

股权激励的实施将企业员工作为新股东以不同的方式引入企业，从而使员工具备了劳动者与股东的双重身份。一般的员工因劳动关系、薪金福利、离职等原因与单位发生纠纷，属于劳动争议的范畴。参与股权激励的员工必定要签署一系列股权激励协议书等文件，当被激励的员工离职时，如果要求企业支付股权激励所换算成的现金补偿，这样的纠纷如何定性？可能就不单单是劳动争议纠纷的问题了。截至2018年12月28日，在中国裁判文书网输入“股权激励”，按照案由分有13份刑事案由、925份民事案由、1份行政案由，其中民事案由的数量比2017年增加近1倍。在925份民事案件中，与股权激励相关的民事纠纷主要为两大类：劳动争议纠纷相关类型和股东权益纠纷相关类型。这两类纠纷有什么区别？适用哪类性质的纠纷对自己比较有利？

按照法律规定，劳动争议纠纷有三大特点：第一，劳动争议纠纷案件中劳动仲裁是前置条件。无论单位还是员工都必须先向劳动者争议仲裁委员会申请仲裁，对仲裁裁决结果不服的，向一审法院提起诉讼，然后才能像普通的民事案件一样经过一审和可能的二审程序。第二，劳动争议纠纷案件中员工与企业之间签订劳动合同是法律规定必须签订的，适用劳动争议的相关法律规定。第三，劳动争议纠纷案件的证据规则与普通的民事案件不同，适用举证责任倒置原则，企业承担了更多的举证责任。

如果是被激励的员工与单位发生纠纷，那么双方之间属于劳动争议纠纷还是股东权益纠纷？许多人并不清楚。事实上，一些时候甚至是劳动争议纠纷和股东权益纠纷同时发生，从而引起一连串诉讼，还可能引起连锁反应，最终导致企业解散。

随着越来越多上市、非上市公司股权激励的实施，股权激励纠纷日益增多。越来越多的企业可能会因此而陷入因股权激励纠纷而产生的漩涡之中。

二、股权激励中的劳动争议纠纷

1. 虚拟股权激励纠纷案例

2007年10月30日，肖某进入甲公司工作，担任信用分析师。双方订立期限为2007年12月30日—2008年12月29日的劳动合同。2008年12月29日，双方续订劳动合同，期限至2010年12月29日止。2010年12月31日，肖某向甲公司提出辞职，后办理工作交接。

甲公司于2007年实行的《甲公司股权激励基本规章（决案)》规定：草案所拟定之股权按照不同部门或公司设定，并按照相关公司赢利状况执行，合伙人总人数控制在员工总数的三分之一以内；执业合伙人的评定每年进行一次，经过股东认可的员工并按照工作年限、职位、岗位级别、业绩、综合素质等标准进行评定；股份持有人只在任职期间有效；执业合伙人每年考评一次，以决定合伙人的升降和退出，当年评定达到合伙人条件的从下年开始享有合伙人权利，但该权利必须在第二年的考核中符合要求，否则不享有合伙人权益；执业合伙人主动离开公司应提前至少1个月通知；与公司终止用工合同关系，公司有权收回股份等。。

2009年3月13日，甲公司向肖某出具“华予信公司业务合伙人股权凭证”，内容为“兹有甲公司（以下称本公司）员工肖先生，因其优异的表现和出众的工作能力，根据本公司的考核并经公司全体股东讨论一致通过，决定赠予肖先生本公司股权3%（调查业务），以资奖励。”该股权凭证注明“本股权凭证只作公司内部分红权证明，不可引作其他用途”。

2010年2月23日，甲公司向肖某支付2009年度分红。

2010年9月16日，甲公司两位股东订股权转让协议，该协议列明股权价值计算明细。

2011年12月6日，肖某申请劳动仲裁，请求甲公司支付2010年度提成及利息、补缴社会保险费差额。

仲裁裁决认为，肖某要求甲公司支付的2010年度提成不属于劳动报酬性质，驳回肖某的请求。

肖某不服，向法院提起诉讼，一审法院支持了肖某2010年的分红权利。甲公司不服，提出上诉，要求撤销一审，驳回肖某的诉讼请求。二审法院驳回了甲方公司的上诉请求。

案例来源：(2013) 沪一中民三（民）终字第198号民事判决书。

本案甲公司于2009年3月13日根据《甲公司股权激励基本规章（决案)》向肖某出具“华予信公司业务合伙人股权凭证”，“决定赠予肖先生本公司股权3%（调查业务)，以资奖励”，该股权凭证注明“本股权凭证只作公司内部分红权证明，不可引作其他用途”。从前述内容看，甲公司向肖某出具的“华予信公司业务合伙人股权凭证”实为一种虚拟的股权激励，该股权激励赋予员工的分红权属于肖某薪酬的组成部分，当属劳动争议范畴。同时，《甲公司股权激励基本规章（决案）》虽规定当执业合伙人与甲公司终止用工劳动关系时甲公司有权收回股份，但肖某2010年全年为甲公司提供劳动，其仍有权获得在职期间的2010年度分红。

2. 未实施的股权激励纠纷案例

2009年5月23日，白某某与南通虹波重机有限公司（后更名为南通润邦重机有限公司）签订劳动合同及特殊人才聘用合作补充协议，双方约定合同期3年，其中试用期3个月，享受年薪制，还约定："甲方在乙方正式担任公司中层岗位后，按照集团及公司的相关制度给予股权激励，但是否入股的自主权归属乙方"。

2015年1月21日，南通润邦重机有限公司向公司全体公告，撤销了白某某所在的总工程师室部门。2015年1月16日，南通润邦重机有限公司经其工会同意，向白某某发出劳动合同解除书，解除了双方的劳动关系。

2015年3月4日，白某某申请劳动仲裁，要求确认南通润邦重机有限公司违法解除劳动合同，支付其双倍经济赔偿金、支付两次股权激励的现金价值、支付拖欠的工资、奖励、住房补贴等。

案件来源：（2015）通中民终字第02099号民事判决书。

对于白某某股权激励的请求，法院审理认为：劳动争议的诉讼标的必须属于《劳动法》的调整范围。本案白某某主张的股权激励实质是基于成为江苏润邦重机有限公司的股东后所享有的利益，白某某能否成为股东应当根据《公司法》的相关规定，不属于基于劳动者身份所享有的权利，不属于《劳动法》的调整范围。而且白某某要求分配的股权属于江苏润邦重工股份有限公司的股东所有，南通润邦重机有限公司不是江苏润邦重工股份有限公司的股东，无权分配股份。故白某某向南通润邦重机有限公司主张的股权激励不属于《劳动法》的调整范围，不属于劳动争议，在本案中不予理涉。对于虚拟的股权激励属于劳动争议的理由，一般认为股权激励实际上属于劳动报酬，它的给付以是否达到给予股权激励的预期目标来确定。在实践案例中，对于虚拟股权激励分红权，这种分红与《公司法》上的股权无关，也不会转化为正式的股权，所以可能被认定为薪金的组成部分，类似于奖金、提成。

三、 股权激励中的股东权益纠纷

富安娜是一家上市家纺公司。截至 2016 年 12 月 30 日，富安娜先后推出了 3 期股权激励计划，覆盖中高层员工总计 870 人，充分调动了员工积极性。

2007 年 6 月，富安娜制订和通过了《限制性股票激励计划》，以每股净资产 1.45 元的价格向 109 位员工定向发行 700 万股限制性股票。富安娜上市前没有引进任何一家 PE，而是把公司分享的部分全部留给了自己的员工。

2008 年 3 月，为了配合 IPO 的要求，富安娜将上述 700 万股限制性股票转为无限制性的普通股，即同股同权。同时，与通过股权激励获得股权的员工协商签署了承诺函，持有原始股的员工承诺

“自承诺函签署日至公司上市之日起三年内，不以书面的形式向公司提出辞职、不连续旷工超过七日、不发生侵占公司资产并导致公司利益受损的行为，如果违反上述承诺事项将在股票可以出售之后的三个交易日内向公司支付违约金，违约金为原始股产生的收益（每股收益为原始股解禁之日的收盘价减去违约前上一年度每股净资产）”。

在2008—2010年的承诺期内，26位持有原始股的员工陆续辞职离开，且大多数转投行业内的竞争对手。

2009年12月30日，富安娜敲响了深交所上市的钟声，上市首日收盘价即达40.59元。所有获得原始股激励的员工手中股票皆暴涨数十倍。

2012年12月26日，在26位离职员工持有原始股解禁的前4天，富安娜对这26位离职股东提起诉讼，称26位离职股东违背合同承诺，要求判令被告赔偿违约金累计8000余万元。富安娜股权激励纠纷曾一度导致公司股价下跌。经过一波三折，富安娜公司最终获得了近4000万元的赔偿（包括判决、调解）。

2016年，有部分高管向广东省高级人民法院提起再审申请。

2017年5月9日，广东省高院对申请再审的案件，做出维持原判决的民事裁定。

本案并没有按照劳动争议纠纷案件审理，而是以合同纠纷的案由审理。从这个角度来说，这是富安娜公司能够获得巨额赔偿的有利因素。

广东省高院再审认为，本案不是劳动争议纠纷的理由是：富安娜公司根据《限制性股票激励计划》向高级管理人员及主要业务骨干发行限制性股票，陈某据此持有公司股份。因股权激励合同是劳动者薪资等基本劳动权利保护以外为优化薪酬制度额外实施的，由其产生的股票收益不属于《劳动法》意义上的工资等劳动报酬，该收益属于奖励，同时起到支付竞业禁止补偿的作用，而激励对象有权选择是否参加，且此类合同反映了收益与风险对等的商业原则，符合商业行为盈利与风险相一致的特征，故二审判决确认双方的法律纠纷属一般民商事合同纠纷并无不当。关于承诺函是否有效的问题，根据《限制性股票激励计划》的内容，限制性股份是激励对象（高级管理人员及主要业务骨干）自愿认购、转让受公司内部一定限制的普通股，该激励计划有利于增强富安娜公司经营团队的稳定性及工作积极性，增进富安娜公司与股东的利益，不违反法律强制性规定，是合法有效的。富安娜公司在终止《限制性股票激励计划》后，根据自愿原则，给予限制性股票持有人回售选择权，对于将所持限制性股份转化为无限制普通股的激励对象，采用由激励对象出具承诺函的方式继续对激励对象进行约束。据此，二审判决认为承诺函是《限制性股票激励计划》的变通与延续并无不当，陈某自愿向富安娜公司出具承诺函不违反公平原则，合法有效。

富安娜股权激励纠纷案件必将成为国内股权激励的一个警示标本。由于早期一些企业实施的股权激励方案不完善，导致了在企业界和资本市场上，类似这种拿了股票就高价抛股套现的现象屡见不鲜。这些员工以极低成本获得原始股，在上市后来个离职套现成为千万富翁，这对企业造成了巨大的负面影响。近些年，许多企业也逐步意识到，股权激励如果使用不当，对公司的形象和声誉都将带来巨大的风险。随着我国相关法律的不断完善，股权激励的法律风险也日益增加，这更需要我们制订股权激励措施要有充分的法律依据，全面考虑。

四、股权激励纠纷的预防要点

1. 构建公司股权激励防火墙

股权激励的方案和协议是日后股权激励履行的依据，完善具有可操作性的方案和协议显得尤为重要。同时，解决纠纷依据的是法律规定，违法法律规定的股权激励方案和协议必然会带来无穷的后患，专业的律师在设计股权激励方案和协议时能充分考虑到法律的相关规定、日后可能出现的纠纷，及时地为股权激励方案设立有效的防火墙。

2. 划清股权激励出现纠纷与劳动关系的界限

只有适合企业自身的股权激励方案才能促进企业的发展，实现企业的激励目的，同时保障激励对象的合法权益。企业的股权激励防火墙建设得不好势必会引发“火灾”，这时就要第一时间“救火”，即积极处理股权争议。因股权激励涉及激励对象双重身份的问题，在处理股权激励纠纷时，关键是要厘清法律性关系、认定争议性质，即厘清激励对象与公司之间的劳动合同关系以及激励对象与企业之间的股权关系、区分股权抑或劳动报酬性质。

鉴于我国非上市公司股权激励相关法律制度尚不完善的现状，建议广大公司尤其是中小企业在选定合适的股权激励类型后，对具体方案进行精细化设计，对于不同情况下的股权处置的约定宜早不宜迟，宜细不宜粗。对股权激励方案的约定越细致，则执行性越强。最好的办法是在专业律师的指导下，在约定中穷尽所有面临股权变动的情况，区分员工过错退出、无过错退出、意外身故等各种情况，设定详细的执行方案，以确保股权激励目的得以真正实现。

第三节　股权激励的税务筹划

一、 实施股权激励的企业所得税

关于实施股权激励的企业所得税问题，我们的探讨仅限居民企业的所得税。其实早在2006年财政部就发布《企业会计准则第11号——股份支付》，对股权激励的会计核算问题进行了规范。2012年国家税务总局发布《关于我国居民企业实行股权激励计划有关企业所得税处理问题的公告》（国家税务总局公告2012年第18号），针对我国居民企业建立职工股权激励计划有关企业所得税处理问题也做出了明确规定。股权激励中涉及企业所得税问题更多的是考虑相关费用能否在税前扣除的问题，能够在税前扣除的，就降低了企业所得税缴纳的基数，如果不能在税前扣除的费用，就要多缴企业所得税。所以，一般情况企业在进行股权激励时针对企业所得税的问题，需要关注以下4个方面（部分针对挂牌上市企业）。

1. 挂牌上市公司是否有资格实行股权激励

《上市公司股权激励管理办法》规定了上市公司不得实行股权激励计划的情形：①最近一个会计年度财务会计报告被注册会计师出具否定意见或者无法表示意见的审计报告；②最近一个会计年度财务报告内部控制被注册会计师出具否定意见或无法表示意见的审计报告；③上市后最近36个月内出现过未按法律法规、公司章程、公开承诺进行利润分配的情形；④法律法规规定不得实行股权激励的；⑤中国证监会认定的其他情形。

因此，如果上市公司具有上述情形，但依然实施股权激励的，其相关费用是不允许进行税前扣除的。针对有限责任公司，法律没有禁止性规定。

2. 关注股权激励对象是否符合法律规定（针对挂牌上市企业）

股权激励对象是否合法的问题，关系到企业列支股权激励相关费用是否合法，是否能够进行税前扣除。《上市公司股权激励管理办法》规定下列人员不得成为股权激励对象的人选，包括：①单独或合计持有上市公司5%以上股份的股东或实际控制人及其配偶、父母、子女；②上市公司监事、独立董事以及由上市公司控股公司以外的人员担任的外部董事，不应纳入股权激励计划；③最近12个月内被证券交易所、中国证监会及其派出机构认定为不适当人选；

④最近12个月内因重大违法违规行为被中国证监会及其派出机构行政处罚或者采取市场禁入措施；另外，如果具有《公司法》规定的不得担任公司董事、高级管理人员情形的，也不得成为被激励对象。

《公司法》规定不得担任公司董事、高级管理人员的情形有：①无民事行为能力或者限制民事行为能力；②因贪污、贿赂、侵占财产、挪用财产或者破坏社会主义市场经济秩序、被判决刑罚，执行期满未逾5年，或者因犯罪被剥夺政治权利，执行期未逾5年；③担任破产清算的公司、企业的董事或者厂长、经理，对公司、企业的破产负有个人责任的，自公司、企业破产清算完结之日起未逾3年；④担任因违法被吊销营业执照、责令关闭的公司、企业的法定代表人，并负有个人责任的，自该公司、企业被吊销营业执照之日起未逾3年；⑤个人所负数额较大的债务到期未清偿。

上述人员由于属于法律规定不得进行股权激励的对象。值得注意的是2018年8月15日《上市公司股权激励管理办法》的修改，将可以成为被激励对象的人员，由原来的境内外籍人员扩大到所有外籍人员。企业在实施股权激励时要考虑上述规定，如果企业对不符合法律规定的上述人员进行股权激励，或者在股权激励计划实施过程中出现不得成为激励对象情形的，不得继续授予其权益，其列支的相关费用不得在税前扣除。

3. 关注股权激励工资、薪金调整后的“三费”扣除

股权激励涉及企业支付的工资、薪金的税前扣除，同时也会导致企业职工福利费、职工教育经费和工会经费（统称“三费”）扣

除限额计算基数的差异，在按照税法规定调整企业不得在税前扣除的股权激励相关费用时，企业还应关注“三费”扣除限额是否同时进行调整。

2016 年 9 月 1 日执行的《关于完善股权激励和技术入股有关所得税政策的通知》（财税〔2016〕101 号）规定：对符合条件的非上市公司股票期权、股权期权、限制性股票和股权奖励，符合规定条件的，经向主管税务机关备案，可实行递延纳税政策。即员工在取得股权激励时可暂不纳税，递延至转让该股权时纳税时，按照股权转让收入减除股权取得成本以及合理税费后的差额，适用“财产转让所得”项目，按照20%的税率计算缴纳个人所得税。而对于不符合递延纳税条件的，该文件规定：个人从任职受雇企业以低于公平市场价格取得股票（权）的，凡不符合递延纳税条件，应在获得股票（权）时，对实际出资额低于公平市场价格的差额，按照“工资、薪金所得”项目，参照《财政部　国家税务总局关于个人股票期权所得征收个人所得税问题的通知》（财税〔2005〕35 号）有关规定计算缴纳个人所得税。对此，企业是否符合递延纳税的条件，就会影响企业工资、薪金所得的数额。而工资、薪金所得的数额又进一步影响企业税前“三费”扣除的标准，进而影响企业所得税的缴纳。

4. 关注股权激励的数量

股权激励的总金额也关系到税前扣除金额，进而影响企业所得税的缴纳。按照法律规定，上市公司全部有效的股权激励计划所涉及的标的股票总数累计不得超过公司股本总额的10%，非经股东大会特别决议批准，任何一名激励对象通过全部有效的股权激励计划获授的本公司股票累计不得超过公司股本总额的1%。如果上市公司股权激励的总量或被激励对象的个量金额超出上述规定，则不允许在计算企业所得税时扣除。

以上关于股权激励的企业所得税的问题多与上市、挂牌企业有关，虽然很多中小企业并不受上述规定的限制，但是企业发展的目的就是做大做强，挂牌、上市是大多数企业追求的目标，了解上市公司的规范，有利于企业根据自身情况规范发展。

二、实施股权激励的员工个人所得税

对员工实施股权激励，是为了调动员工积极性。股权激励发展的起源在一定程度上也是为了规避高额的税收。而个人所得税是一个直接税种，被激励对象有更深的感受。股权激励中产生的个人所得税过多或者涉嫌逃税都会减弱股权激励的效果，股权激励如何缴纳个人所得税显得尤为重要。

在一般情况下，员工取得股权激励时并不能马上取得现金收入，这意味无须立即缴税而给员工带来压力。财税〔2016〕101号文件规定了更优惠的政策，非上市公司授予本公司员工的股票期权、股权期权、限制性股票和股权奖励，可实行彻底的递延纳税政策，即员工在取得股权激励时可暂不纳税，递延至转让该股权时适用“财产转让所得”项目，按照20%的税率计算缴纳个人所得税。对于不符合递延纳税政策的情况，被激励对象就要按照工资、薪金纳税，取得的分红则按照股息、红利缴纳个人所得税。

前面我们讲过，股权激励会设定不同的持股平台，因此也会产生不同的税率差别。税务筹划的空间就是利用税法上税收上的差异等进行筹划。作为股权激励中的个人所得税问题，除相关部门出台的各种优惠政策外，不同的股权激励架构也会产生一定的税收差异。

1. 被激励对象个人直接持股的税收情况

个人直接持股的本质就是股权转让或者增资扩股，股权转让在取得股权时作为受让方不需要缴纳所得税，但是作为转让让的原股东是需要缴税的。增资扩股的情况也不需要缴纳，企业的注册资本金增加了。

被激励对象个人在取得激励股权分红时，需要按照“利息、股息、分红所得”缴纳20%的个人所得税。被激励对象个人在退出转让公司股权时，需要按照“财产转让所得”税目20%的税率，以卖出价减去买入价的差额计算并缴纳个人所得税。

2. 被激励对象通过有限责任公司持股的税收情况

股权激励的持股平台为有限责任公司（简称持股公司）的，在取得股权时的情况与个人直接持股一样，不需要缴税。持股公司在取得实施股权激励企业分红时，按照《中华人民共和国企业所得税法》（以下简称《企业所得税法》）第二十六条规定为免税收入，不需要缴税。持股公司在转让实施股权激励企业的股权时，需按照25%的税率（一般税率），以卖出价减去买入价的差额，计算并缴纳企业所得税。若持股公司有以前年度法定可弥补的亏损，可以差额先弥补亏损；有正数余额的，再缴纳企业所得税。

这里需要注意的是，被激励对象作为持股东的股东，在接受持股公司分红时，还是要按照“利息、股息、分红所得”缴纳20%的个人所得税。但是作为有限责任公司，不同公司会因类型、规模、地域等所享受的税率是不相同的，这给股权激励的税收问题增加了筹划的空间。具体情况要根据实施股权激励公司的实际需要进行考虑。

3. 被激励对象通过有限合伙企业持股的税收情况

在税收制度上，有限合伙制企业不具有法人地位，不作为纳税主体，合伙企业的所得按“先分后税”原则征收所得税，以每一合伙人为纳税人，分别缴纳个人所得税或企业所得税。有限合伙企业持股期间获得的股息、红利，按照《国家税务总局关于<关于个人独资企业和合伙企业投资者征收个人所得税的规定>执行口径的通知》，合伙企业对外投资分回的利息、股息和红利不作为合伙企业正常的经营所得计算纳税，而是作为“利息、股息、红利所得”税目计算纳税，税率为20%。对于合伙企业转让股权的所得，按照规定属于合伙企业正常的经营所得，合伙人应当按照生产经营所得应税项目，适用5%~35%的五级超额累进税率，缴纳个人所得税。

实践中，对于合伙企业转让股权的所得税，各地出于招商引资的需要进行了不同的返还或优惠，大部分地方视为投资者个人（被激励对象）的利息、股息、红利收入，按“利息、股息、红利所得”税目20%的税率计算缴纳个人所得税。也有部分地区普通合伙人为自然人的，按“个体工商户的生产经营所得”应税项目，适用5% ~35%的5级超额累进税率，计算征收个人所得税。自然人为有限合伙人的，按“利息、股息、红利所得”税目20%的税率缴纳个人所得税。所以，不同地区的差异就给税务筹划创造了更多的空间。同时，值得注意的是，虽然与有限责任公司相比，减少了一道企业所得税，但是合伙企业要留存的所得即使当年不分配，也需要按照规定缴税，这一点和有限责任公司是有很大区别的。

4. 以虚拟股权进行股权激励的税收情况

虚拟股中被激励员工取得、退出股权只需在企业内部登记，不需要办理相关登记，其只有在取得分红时，作为员工工资、薪金的一部分，按照个人所得税3% ~45%的超额累进税率交税。

以上我们比较了不同情况的税收情况，但是税收政策尤其是优惠政策的变化较快，而且从税收管理的角度，国家是在不断完善相关收税漏洞，进行反避税管理。所以，最近也出现了很多企业逃离曾经的“避税天堂”霍尔果斯的情况。但是无论如何，应充分了解股权激励中的税收问题，避免因税收而减弱股权激励的效果。

三、 股权激励退出时股权转让的税务问题

股权激励的被激励对象获得的收益，一部分是股权获得的股息、红利，另一部分更大的收益是股权退出时股权转让获得的收益。所以，在采用实股进行股权激励时，讨论股权转让的税务问题是非常

有必要的。下面分个人转让和持股平台的公司法人股东转让两种情况进行分析。

1. 个人转让股权的税收规定

个人转让股权的，按照《个人所得税法》第三条的规定，属于财产转让所得，税率为20%；按照《个人所得税法》第六条的规定，财产转让所得，以转让财产的收入额减除财产原值和合理费用后的余额，为应按税所得额。从这些规定我们可以看出，转让的收入额直接影响缴税的多少。从民法的角度考虑，股权转让是平等主体之间签订的民事合同，其中的股权转让价格由双方协商确定。股权转让的价格低，转让人就少缴个人所得税；价格高，转让人就多缴个人所得税。这与房屋买卖非常相似。在实践中有人签订“阴阳”两份合同，“阳合同”价格低，用于办理股权转让，缴纳税款；“阴合同”价格高，实际履行。其实，这样做的风险非常大，因为转让价格不符合规定，还会被税务机关采取核定股权转让收入的形式要求补缴税款。

2014年12月，国家税务总局发布《股权转让所得个人所得税管理办法（试行)》，明确规定：股权转让收入应当按照公平交易原则确定；股权转让收入明显偏低且无正当理由的，税务机关可以核定股权转让收入。并规定了转让价格明显偏低的情形有：低于股权对应的净资产公允价值份额的；低于初始投资成本或低于取得该股权所支付的价款及相关税费的；低于相同或类似条件下同一企业同一股东或其他股东股权转让收入的；低于相同或类似条件下同类行业的企业股权转让收入的；不具合理性的无偿让渡股权或股份。

同时，上述文件还规定了股权转让收入明显偏低，视为有正当理由的有：①能出具有效文件，证明被投资企业因国家政策调整，生产经营受到重大影响，导致低价转让股权；②继承或将股权转让给其能提供具有法律效力身份关系证明的配偶、父母、子女、祖父母、外祖父母、孙子女、外孙子女、兄弟姐妹以及对转让人承担直接抚养或者赡养义务的抚养人或者赡养人；③相关法律、政府文件或企业章程规定，并有相关资料充分证明转让价格合理且真实的本企业员工持有的不能对外转让股权的内部转让；④股权转让双方能够提供有效证据证明其合理性的其他合理情形。

从上述规定可以看出，股权转让的价格一般不能低于企业净资产。个人股权转让中转让价格的操作空间在于上述规定中对企业章程规定的认定以及对员工持股的限制，以避免股权转让价格过低被税务机关核定补缴税款。

2. 持股平台的公司法人股东转让股权的税收规定

以 N 投资公司按照注册资本投资 A 公司 20% 的股权为例，A 公司现状为：注册资本 2000 万元、净资产 3500 万元、未分配利润 1000 万元、盈余公积 800 万元。现 N 公司要转让在 A 公司 20% 的股权。假设 A 公司充分配合，转让费用不计，企业所得税为 25% 。

第一种方式，N 投资公司直接转让 A 公司股权。根据上述规定，转让价格不低于净资产，N 公司转让股权价格定为 70 万元（3500 万元 ×20%）。根据《国家税务总局关于贯彻落实企业所得税法若干税收问题的通知》（国税函〔2010〕79号）规定“转让股权收入扣除为取得该股权所发生的成本后，为股权转让所得。企业在计算股权转让所得时，不得扣除被投资企业未分配利润等股东留存收益中按该项股权所可能分配的金额。”所以，N公司在A公司的20万元（1000万元×20%）的未分配利润不能扣除，只能扣除投资的40万元（2000万元×20%）。N公司股权转让所得应为30万元（70万元－40万元），由此计算应缴纳企业所得税为7.5万元。

第二种方式，A公司将1000万元利润分配后，N投资公司再转让股权。N公司取得20%的分红20万元，按照《企业所得税法》第二十六条的规定，股息红利为免税收入，N公司不需要缴税。利润分配后，现A公司净资产为2500万元，N公司转让价格定为50万元（2500万元×20%），扣除投资40万元（2000万元×20%）。N公司股权转让所得应为10万元（50万元－40万元），计算应缴纳企业所得税为2.5万元。

第三种方式，A公司将1000万元利润分红后，再将盈余公积金转增股本，之后N投资公司再转让股权。这样一来N公司取得20万元分红，按照规定不需要缴税。对于800万元的盈余公积，不能全部转增股本。《公司法》第一百六十八条规定，法定公积金转增股本时，留存不得少于转增前公司注册资本的25%。所以，可以将300万元的盈余公积金转增股本，以股息红利缴税。这样一来N公司的股息红利为免税收入。所以，现A公司分配利润并转增股本后：A公司注册资本为2300万元，净资产为2500万元。N公司转让价格不低于净资产，转让价格定为50万元（2500万元×20%）。由于股本增加N公司的投资变为46万元（2300万元×20%）。N公司股权转让所得应为4万元（50万元－46万元），应缴纳企业所得税为1万元。

在实践中还有人提出以减资退出、增资进入的方式达到减少税收的目的，但是减资是减少公司的资产，可能侵犯债权人的权利，应当谨慎操作，而且所需要的程序比较烦琐，不建议使用。

从以上情况我们能清楚地看到，作为公司的法人股东在退出时，进行税务筹划的空间更为广泛。在股权激励中也更适用于对一个团队进行激励时操作使用。

3. 非上市公司股权激励递延纳税案例

上海看榜信息科技有限公司（以下简称看榜公司）成立于2012年2月22日，注册资本为100万元人民币，是一家移动端全平台数据机构，专注新媒体数据采集监测。看榜公司旗下有在互联网传播领域势头正盛的“新榜”品牌。

2017年3月，在完成了B轮1.8亿元的融资后，看榜公司决定拿出3%的实股对企业部分技术骨干和高管正式实施股权激励。当时看榜公司估值近8亿元人民币，作为非上市公司，看榜公司的财务为被激励对象算了一笔账：如果没有递延纳税的相关政策，按照工资、薪金缴税，最高税率为45%，被激励对象共需缴纳约1200万元人民币的税款，这对工薪一族来说是难以想象的巨款。但是如果递延到他们之后转让股权时再缴纳税款，就只需缴纳20%的财产转让所得税，算下来大概 480 万元人民币。这样在激励的当时，被激励对象是没有取得现金的，可以免于缴税个人所得税。

但是看榜公司在了解了相关政策和法律法规之后，仍对作为非上市公司采取什么激励形式才能享受递延纳税政策存在疑惑。经过与税务机关的充分沟通，看榜公司对原来设想的股权激励进行了调整，由大股东直接让渡，并按照财政部、国家税务总局发布的《关于完善股权激励和技术入股有关所得税政策的通知》（财税〔2016〕101 号）的规定操作，获得递延纳税的优惠，减轻了被激励对象的税务负担。

这里所说的非上市公司股权激励递延纳税政策，就是讲原本在获得股权激励时就需要缴纳的个税，后移到实际转让股权时再缴纳。正常情况下，被激励对象取得的股权激励在取得时应当按照工资、薪金缴纳个人所得税，按照现行规定个人所得超过 96 万元，税率就高达 45%。而这时候被激励对象并没有实际取得现金，如果缴纳这笔税款对被激励对象来说就起不到激励的作用。如果符合了非上市公司股权激励递延纳税政策的，此时就不需要缴纳该笔税款，而是等到被激励对象转让取得的股权时，按照“财产转让所得”项目，以 20% 的税率计算缴纳个人所得税，这个时候被激励对象不仅取得了股权转让款，而且税率大大降低。这样一来股权激励对被激励对象的激励效果就增强了。

案例：华为股权激励

一、创业期的股权激励

华为公司成立于1987年，创业初期一方面为了拓展市场、扩大规模需要大量资金，另一方要想超越竞争对手必须进行大量的科研投入。但是华为公司作为民营企业，外部融资非常困难。1990年，华为公司优先选择了股权激励，进行内部融资、员工持股。内部融资不需要支付利息，存在较低的财务困境风险，同时可以激励员工努力工作。华为公司采取这种激励方式，不仅减少了现金流风险，还增强了员工的归属感，稳住了创业团队。1995年，华为公司的销售收益就已经增长到15亿元人民币。

二、国际经济危机时期的股权激励

2001年，受网络经济泡沫破灭的影响，全球IT业受到严重打击，华为公司也迎来发展上的第一个冬天。此时华为公司进行了股权激励的改革，实行了名为“虚拟受限股”的期权。根据公司的评价体系，员工获得一定额度的期权，期权的行使期限为4年，每年兑现额度为1/4。此时的华为公司股权过于分散，已经不适合再用实股进行股权激励，而且华为公司此次的股权激励机制从“普惠”原则向“重点激励”转变，拉开员工之间的收入差距即是此种转变的反映。同时，华为公司还实施了一系列新的股权激励政策，比如：新员工不再派发一元每股的股票，老员工的股票也逐渐转化为期股；员工从期权中获得收益的大头不再是固定分红，而是变成所对应的公司净资产的增值部分。此次利用虚拟股进行股权激励，华为公司有效地维护了公司管理层对公司的控制能力，不至于导致一系列的管理问题。

三、“非典”时期的股权激励

2003 年，尚未完全摆脱网络经济泡沫破灭的影响，又遭遇“非典”爆发，我国出口市场受到影响。同时，华为公司和思科公司之间存在的产权官司直接影响到了华为公司的全球市场。华为公司号召公司中层以上员工自愿提交降薪申请，同时进一步实施管理层收购，采取了“限制股 + 虚拟股”的模式，解决了稳住高管和核心层人员的问题。此次股权激励的配股额度比较大，并且股权向核心层倾斜，即骨干员工获得的配股额度大大超过普通员工。此次配股规定了一个 3 年的锁定期，3 年内不允许兑现，如果员工在 3 年之内离开公司的话则所配的股票无效。华为公司同时也为员工购买虚拟股权采取了一些配套措施：员工本人只需要拿出所需资金的 15%，其余部分由公司出面，以银行贷款的方式解决。此次股权激励改革不仅稳定了员工队伍，激励大家共同渡过难关，还为华为公司之后实现销售业绩和净利润的突飞猛涨奠定了基础。

四、新一轮国际经济危机时期的股权激励

2008 年，美国次贷危机引发的国际经济危机给全球经济发展造成重大损失，华为公司也受到影响。面对经济形势的恶化，华为公司又推出新一轮的股权激励措施。2008 年 12 月，华为公司推出“配股”公告，此次配股范围几乎包括了所有在华为公司工作时间一年以上的员工。员工级别不同，可以持股的数量不同，如果所持股已达到其级别持股量的上限，则不参与这次配股，也称为“饱和配股”。此次的配股规模在 16 亿 ~ 17 亿股，因此是对华为公司内部员工持股结构的一次大规模改造。

从华为公司公布的相关文件可以看出，股权激励可以将员工的人力资本与公司的未来发展紧密结合起来，员工获得股权，参与公司分红，激发员工积极性，实现公司发展和员工个人财富的增值。同时，与股权激励同步的是公司内部融资，达到了增加公司资本、缓解公司现金困难的目的。

从经济学的角度来讲，企业存在的唯一理由就是创造利润。要想使员工持股发挥拉动公司绩效的激励效果，必须想方设法把股权打造成一种全员竞相追逐的稀缺品。同时，引入动态调整机制，避免持股的员工躺在股权上无所作为。站在有利于公司发展和传承的角度来看，所有具有较高人力资本价值的员工都应该有机会成为企业的持股人，但谁也不能成为企业永久固定的持股人。流水不腐，户枢不蠹。像职务升迁一样，股权要发挥激励导向效用，必须在持

股人之间合理流动，切莫让其成为呆滞品。

小结

据有关报道，已经有70%左右的拟上市公司实施了股权激励方案。但是股权激励方案的设计、实施需要企业考虑上市规定、税务、法律、企业管理等诸多方面。怎样才能发挥或放大股权激励的效果？这就需要企业根据行业、发展阶段、规模、人员状况等情况进行准确全面的分析。如今企业之间的竞争是人才的竞争、是制度优势的竞争，为了避免出现人才流失、制度落后、落后挨打的局面，股权激励必须做，而且还要好好做。

股权激励中被激励对象获得股权一定要有一定的付出，钱在哪人在哪！股权激励的权利义务要对等，激励与惩罚要相结合。股权激励不仅要考虑股权的分配情况，更要考虑股权的回收问题，如果股权退出机制不完善，就会为股权激励的实施埋下隐患。股权激励实施过程中的动态管理更是股权激励有效实施的有力保障。股权激励税收问题是很多企业在制订股权激励方案时容易忽视的问题，而且我国经济发展不平衡，所以各地的税收优惠政策也各不相同，比如新疆、西藏、浙江、天津等地都有不同程度的税收优惠。当然，国家也在不断完善税收管理，最典型的是合伙企业转让股权的所得问题。在2018年8月30日以前，绝大多数地区按照财产转让所得或投资收益按照20%的税率缴税；在2018年8月30日以后，国家税务总局明确了合伙企业转让股权所得作为“个体工商户的生产、经营所得”按照5% ~35%的超额累进税率缴税，这样各地20%的优惠政策就不能再实施了。所以，股权激励方案必须考虑不同地区的税收问题。我们知道，股权激励的起源就是因为美国个人所得税太高，为了避免高管的薪酬被高额的所得税率所征收而寻求的合理的避税手段。

第四堂课　股权退出

第一节　股权进退要自如

一、股权进入机制

股权进入机制类似于结婚机制，首先要找到另一半即股东（合伙人），解决需要对方提供什么样的条件、能给对方提供什么样的条件、彼此之间有什么秉性爱好等难题。从一定意义上来说，找股东（合伙人）比找另一半还要困难，先要明白什么样的人适合做股东（合伙人）。

首先，要把需要找的作为股东（合伙人）的条件列出来：①愿景和价值观要一致，这是一起打拼最根本的逻辑。正如冯仑在《理想丰满》中所说，“愿景和价值观加起来叫理想”，理想与文化一样，说起来很虚，但实际上却非常重要，理想是梦想，理想是方向，引导我们向未来前进，去实现未来的一件事。找到这样的股东（合伙人）一起打拼，一起向前冲，保持脑子清醒，形成公司架构和治理的方向。②个人修养。人品要正，方能行得远，这是基础。要诚实守信，品格端正，敢于担当，有持之以恒的决心，不畏困难等。③行业背景。具有涉足行业的背景，掌握涉足行业的知识和方法、技巧等。④企业文化认同。高度认同企业的文化，遵守并执行企业的规章制度，自觉接受企业的培训和考核等。⑤坚守底线原则。遵纪守法，不挑战社会规则和公共道德，信守承诺，不找借口等。

其次，还有具有股东（合伙人）的资格。包括思维方式，比如协同思维、空杯思维、创新思维等，以及人脉、资金、资质、诚信等。

最后，要能够积极地融入团队中，形成有与团队成员并肩作战的作风，注重团队合作和建设的能力。

在经过调查了解筛选后，股东（合伙人）符合了以上的条件和资格后，正如经过试婚期的磨合，手牵手一起走入婚姻的殿堂，股东（合伙人）之间签订股东协议，制订公司章程，到市场管理机关登记注册，成立新公司。当然，公司已经成立的，也可以在市场管理机关办理股权变更手续，正式成为公司的一员，融入公司之中。

经过以上的彼此了解，办理完有关的法律文件，正式启动股权进入机制。但这里需要提醒的是：对于短期资源提供者，不要轻易发展成为股东（合伙人），因为短期资源者不全职参与创业，建议优先考虑项目提成，一事一结，而不是通过股权进行长期深度的绑定，否则，短期资源提供者的资源一旦用尽或枯竭，就会造成股权退股难等问题。

二、股权退出机制

俗话说：请神容易送神难。此话在股权进入和退出机制中尤其重要，把股东（合伙人）引进团队中，如果出现了一些价值观、经营管理方面等问题的分歧，就容易导致纠纷，尤其是出了问题股东（合伙人）的股权该如何处理，许多时候大家就卡壳了。找公司章程但里面没有约定，找股东会协议里面也没有约定，翻遍《公司法》也找不到具体适用的条款，召开股东会形成决议吧，召开几次都没有成功，还吵成一团。离职的股东（合伙人）说凭什么让我退出呀，没有功劳还有苦劳呢，拒绝退股。其他在职的股东（合伙人）则说，离职不退股，对我们继续参与创业打拼的其他股东（合伙人）是不公平的。这样的情形，肯定不是个案，双方互相折腾，互相埋怨，如此发展下去，极易造成企业发展的困境，甚至于企业停滞发展或灭亡。那么该如何退出股权呢？这里就涉及股权退出机制的建立问题。由于这个问题不但重要而且复杂，就单独放在本章的第二节《股权退出的主动式和被动式》里，在此不再赘述。

三、股权有进亦有退

我们说的“股权退出”一般是指股权投资人或个人在其所投资的企业发展相对成熟、投资期限届满，或协议约定的特定情形出现后，投资人将其持有的企业股权出售以收回投资并实现投资收益的过程。股权退出是股权投资的终极目标，退出收益更是判断一个投资行为盈利指标的重要参考，这是狭义的表述。其实原始股东、创始人也存在股权退出的问题，这在一些投资协议对原始股东的“禁退”要求中可见端倪。公司股东之间之所以频繁爆发股权战争或闹剧，要么是因为企业没有合伙人股权的进入机制，要么是因为企业没有合伙人股权的退出机制，或者二者兼之。在许多时候，寻找合伙人就像一场以结婚为目的的恋爱，双方被爱情冲昏了头（利益驱使），不明不白就结了婚，成了合伙人。婚后才发现，双方完全是不可调和的两个“物种”，想离婚时却发现不知道该怎么离婚，甚至这婚还离不了。这就需要企业在创业成立之初就定下合伙人的进入机制，并对合伙人的退出预留出合理的路径。因此，股权有进亦有退，要合理架构企业的股权，为企业发展奠定良好的基础。

第二节　股权退出的主动式和被动式

在企业发展需求不断变化的推动下，必定会涉及某个股东的退出，面对这样一个必然发生的问题，企业要在开始的时候就架构好股权的退出机制。以权利的主张主体作为区分的标准，股权退出可分为主动退出和被动退出两种方式。

一、 主动式股权退出

《现代汉语词典》中主动的含义是：不待外力推动而行动；能够造成有利局面，使事情按照自己的意图进行。资本获取股权不是为了参与公司的经营管理，而是期待股权的升值，通过一轮轮的股权投资来获取收益。因此，资本作为股权的退出，一般采取主动式股权退出的方式，旨在想方设法跑赢资本市场，这是赢在资本市场的一种积极行为。主动式股权退出可以归纳出以下 5 种方式。

1. 二级市场退出

首次公开发行股票（Initial Public Offerings，IPO），也就是常说的上市，是指企业发展成熟以后通过在证券市场挂牌上市使股权投资资金实现增值和退出的一种方式。企业上市分为境内上市和境外上市。境内上市主要是指在深交所、上交所上市，境外上市主要是指在纽交所、纳斯达克证券交易所、港交所、新交所等上市。

在企业上市后，股东可通过二级市场出售其所持有的企业股票，套现离场。根据深圳证券交易所官网，2018 年 12 月 12 日的主板平均市盈率为 21.2 倍，二级市场退出无疑是收益回报很高的退出方式。这是绝大多数股权投资人最喜欢的退出方式，不但在资本市场上能够有高额的收益，而且还对投资人的品牌宣传有积极的意义。但这一退出方式也有自身的缺点和不足，例如周期长、审核条件严格，增强了不确定性，而且成本高，这些成本包括规范成本、税收成本、中介机构成本、财经公关、庆功礼品等，在 IPO 之后还存在禁售期，这无疑加大了收益不能快速变现或推迟变现的风险。

2. 并购式退出

并购是指并购方企业通过购买受让目标企业的股权或增资或收购合并资产、承接债务等方式，用以实现合并或实际控制已设立并持续经营的目标企业或资产的交易行为，进而影响或控制目标企业的经营管理。并购式退出是整合行业资源最为有效的方式之一。俗话说："企业不是做大的，而是买大的。"这也反映出并购在股权退出时的重要性。

从上述定义中可以看出，在我国的并购实务中，股权并购一般通过3种基本操作方式来实现：受让股权、增资扩股和合并并购。受让股权是指并购方通过向目标公司股东购买股权的方式，使自己成为目标公司的控股股东。增资扩股是指并购方向目标公司投资增加目标公司的注册资本，使自己成为目标公司的控股股东。合并并购则是指两家以上的企业归并为一家企业的行为，其法律依据是《公司法》第一百七十二条的规定："公司合并可以采取吸收合并或者新设合并。一个公司吸收其他公司为吸收合并，被吸收的公司解散。两个以上公司合并设立一个新的公司为新设合并，合并各方解散。"这是《公司法》规定的吸收合并和新设合并两种合并方式，相对于以上受让股权、增资扩股两种并购方式而言比较复杂，且参与合并的各公司股东之间权益比例的确定比较困难。

并购一般发生在企业业绩上升时期，且在短时间内尚不能满足上市条件或者不想经过漫长的上市等待期，而投资人或企业创始人打算撤离的情况下。从企业业务发展的角度来看，与被兼并的企业之间可以形成共享资源和渠道，这将大大提升企业的运转效率。并购式退出的缺点是收益率远低于IPO，且合适的并购方很难寻找，前期工作需要大量的时间进行调查、研究、比对。并购后，并购方与目标企业之间在长时间内需要一个磨合期，这也是并购企业面临的一大问题。

3. 新三板退出

俗称的新三板即全国中小企业股份转让系统，经国务院批准依据《证券法》设立，是我国多层次资本市场的一个重要组成部分，是继上海证券交易所、深圳证券交易所之后的第三家全国性证券交易场所。顾名思义，新三板主要针对的是中小企业，提供股份公开转让、融资、并购等业务服务。

目前，我国新三板的转让方式有做市转让和协议转让两种。做市转让是通过做市商来做中间商，从挂牌公司获得股票，再卖给投资人进行股权转让。而协议转让就是挂牌公司在市场上报价，然后与有意购买的投资人取得联系，双方之间进行协商达成价格，进而完成股权转让交易。新三板公司在进行股权转让的时候，只能选择其中的一种，不得二者兼之。

新三板退出相对于股权退出其他方式，具有以下两个方面的优点：一是新三板的市场化程度比较高且发展快，机制比较灵活，企业估值相对合理；二是相对主板来说，新三板挂牌条件宽松，又有国家政策扶持，其挂牌成本低，挂牌时间短。当然，新三板也存在一定的局限性，比如投资者门槛过高、做市商数量不足，流动性不足，活跃程度低，运维成本高等。尤其是2017年以来，新三板摘牌大戏愈演愈烈。这是因为新三板公司在挂牌后由于合规要求，包括社保、财务合规等隐性成本增加，导致有的公司净利润不增反减；有的公司挂牌以后融资不成功，也会让一些公司萌生退意，主动申请摘牌。新三板经历过短暂的辉煌，又陷入无交易、无投资的窘境。

2018年12月7日，财政部、国家税务总局、中国证监会联合发布了《关于个人转让全国中小企业股份转让系统挂牌公司股票有关个人所得说政策的通知》(财税〔2018〕137号)，其中第一条规定："自2018年11月1日（含）起，对个人转让新三板挂牌公司非原始取得的所得，暂免征收个人所得税。本通知所称非原始股是指个人在新三板挂牌公司挂牌后取得的股票，以及由上述股票孳生的送、转股。"上述规定重树了投资者的信心，稳定了新三板二级市场的军心，对于新三板来说是实实在在的重大利好，但是否意味着新三板的春天到来？让我们拭目以待！

4. 借壳上市退出

借壳上市是指一些非上市公司通过收购一些业绩较差、筹资能力弱化的上市公司，剥离被收购公司的资产，注入自己的资产，从而实现间接上市的运作手法。这里的"壳"是指上市公司的资格，经营不善的公司，其股票前会加ST，虽然没有退市，但是已不具备投资价值，只剩了上市公司的资格牌照。在我国，上市公司的资格也是争抢的香饽饽，"壳资源"具有很高的经济价值，例如快递行业的圆通、顺丰都是借壳上市的。

借壳上市相对于正在排队等候 IPO 的公司而言，上市的平均时间会大大减少，在所有资质都合格的情况下，通常半年以内就能走完整个审批流程，在成本方面也减少了庞大的费用，并且无须公开企业的各项指标。其最大的问题是优质的壳资源太有限了。

5. 股权转让式退出

股权转让是指公司股东依法将自己的股份让渡给投资人，使投资人成为公司股东的一种民事法律行为。此种退出方式适合于企业处在朝阳行业、企业成长性较好并且具有一定的盈利规模，但不够上市要求和条件的被投资企业。目前，股权转让式退出成为私募及创投退出的主要方式，普华永道在 2018 年 4 月发布的《Money Tree™》报告中指出："在私募及创投的退出方面，以股权转让方式退出的占比最多。"这种退出方式，在公司内部决策时过程较为烦琐，且转让的价格一般低于二级市场退出的价格。

最后，特别提示的是：股权转让涉及税费问题，如果要真正合理地降低税负，应当在股权转让操作中提前进行税收筹划，尽可能把握好股权转让的时机选择。例如，选择在利润分配完成后再进行股权转让，这样可以利用股息免税的方式依法合理降低税负。

二、被动式股权退出

1. 对赌式回购

企业或企业的原股东与投资人在投资协议中约定，在一定的期限内，被投资企业的业绩达不到约定的要求或不能实现上市、挂牌或被并购等约定目标，投资人有权要求控股股东或其他股东购买其持有的被投资企业的股权，以实现股权的退出，这就是对赌式股权回购。一般由投资人与被投资企业之间的投资协议而约定。

在我国股权回购的主要法律依据是《公司法》第七十四条和第一百四十二条的规定。其中，第七十四条针对的是有限责任公司，该条规定如下："有下列情形之一的，对股东会该项决议投反对票的股东可以请求公司按照合理的价格收购其股权：(一）公司连续五年不向股东分配利润，而公司该五年连续盈利，并且符合本法规定的分配利润条件的；(二）公司合并、分立、转让主要财产的；(三）公司章程规定的营业期限届满或者章程规定的其他解散事由出现，股东会会议通过决议修改章程使公司存续的。自股东会会议决议通过之日起六十日内，股东与公司不能达成股权收购协议的，股东可以自股东会会议决议通过之日起九十日内向人民法院提起诉讼。"股东以该条规定提起的诉讼事由除了上述 3 种情况外，还有以下几类事由，分别是：双方对股份收购价格不能达成一致，股东要求公司按照协议（对赌协议除外）、章程、内部规定、股东会决议等自治性文件收购股份，要求履行协议等。

《公司法》第一百四十二条针对的是股份公司，该条规定如下："公司不得收购本公司股份。但是，有下列情形之一的除外：(一）减少公司注册资本；（二）与持有本公司股份的其他公司合并；(三）将股份用于员工持股计划或者股权激励；(四）股东因对股东大会做出的公司合并、分立决议持异议，要求公司收购其股份；（五）将股份用于转换上市公司发行的可转换为股票的公司债券；（六）上市公司为维护公司价值及股东权益所必需。公司因前款第（一）项、第（二）项规定的情形收购本公司股份的，应当经股东大会决议；公司因前款第（三）项、第（五）项、第（六）项规定的情形收购本公司股份的，可以依照公司章程的规定或者股东大会的授权，经三分之二以上董事出席的董事会会议决议。公司依照本条第一款规定收购本公司股份后，属于第（一）项情形的，应当自收购之日起十日内注销；属于第（二）项、第（四）项情形的，应当在六个月内转让或者注销；属于第（三）项、第（五）项、第（六）项情形的，公司合计持有的本公司股份数不得超过本公司已发行股份总额的百分之十，并应当在三年内转让或者注销。上市公司收购本公司股份的，应当依照《中华人民共和国证券法》的规定履行信息披露义务。上市公司因本条第一款第（三）项、第（五）项、第（六）项规定的情形收购本公司股份的，应当通过公开的集中交易方式进行。公司不得接受本公司的股票作为质押权的标的。”

根据最高人民法院裁判文书网公布的案例来看，股权回购纠纷正在逐年攀升，且主要分布在江苏、上海、广东、福建、浙江等经济发达地区，分布区域与经济发展有直接的关系。另外，还有因离婚、继承、大额负债而产生的股权回购，但这些不属于对赌式股权回购的方式。同时，对赌投资协议有的被认定为有效，而有的则被认定为无效，这无疑增加了双方之间的法律风险。为什么会出现截然不同的情形呢？这主要取决于签订的对赌投资协议的内容。对赌协议是股权退出的一种重要方式，内容复杂，放在第五堂课《股权融资》中的第三节《股权融资谨慎使用对赌协议》做详细解读。

2. 清算式退出

清算是基于公司面临终止的情况下而发生的行为。公司终止的原因有两种：一种是解散，另一种是破产。无论哪种清算方式，都是作为股权投资人不希望看到的，尤其是资不抵债的破产清算，对股权投资人来说是很糟糕的事情。

在投资领域进行股权清算退出时，投资人与被投资企业之间往往会订立一个优先清算权条款，但这个条款往往会被法院认定为无效，原因在于《公司法》第一百八十六条第二款规定："公司财产在分别支付清算费用、职工的工资、社会保险费用和法定补偿金，缴纳所欠税款，清偿公司债务后的剩余财产，有限责任公司按照股东的出资比例分配，股份有限公司按照股东持有的股份比例分配。"该条款的规定属于强制性规定，股东没有自行约定清算事项的权利。那么对于投资人来说，又该如何保护自己的投资权益呢？建议采取合法的其他方式来进行，例如：将被投企业的股东作为履行债务的保证连带人，当投资人的回报款项与其在公司清算中实际分配所得的剩余财产价值存在差额时，由被投公司的股东承担补足的连带责任，用以实现优先清算权条款之目的。从这里可以看出，无论是股权架构还是股权激励，要想得到全面合法的有效保护，一定离不开法律专业人员的保驾护航。

三、 股权退出应当注意的两大要点

1. 股权退出机制的预设

一些企业的股东（合伙人）之间之所以频繁爆发股权战争纠纷，原因无外乎股东（合伙人）股权的进入机制不合理，或者没有股东（合伙人）股权的退出机制，有的是二者兼而有之。这就要求企业在创立之初，或在早期发展过程中逐步完善以下 3 个方面的管理。

(1) 原始股东（合伙人）的管理。

股东（合伙人）是基于大家共同、长期看好企业、行业的发展前景，愿意共同参与一起长期的创业。因此，在企业成立之初进行企业股权架构设计时，应当深度沟通，全面了解，尽量做到大家预期、目标和愿景一致。

在进行股权架构设计时应主要考虑以下 3 点：首先，合伙人早期拼凑的少量资金，并不是合伙人所持大量股权的真实价格。股权的主要价格是所有合伙人与企业发展的长期绑定（比如 5 年、10 年），通过长期服务企业去赚取利益、实现股权价值的升级。其次，创业初期企业不仅仅需要钱，更需要能干活、干好活的股东，这就需要合伙人根据资金股、人力股的权重配比设置股权，而不是仅仅根据出资的金额，这一点务必清楚。最后，绝不能允许中途退出的合伙人带走股权，如果认为带走股权是对退出合伙人的公平，那么这一做法就是对其他长期参与创业的合伙人最大的不公平，但可以保留其退出股权后一定期限的分红权。对于离职不交出股权的行为，为避免产生诉累以及司法执行的不确定性，可约定离职不退股的合伙人承担高额的违约金，一般按照逾期每日计算违约金较为有压力。

（2）投资人的管理。

投资人毋庸置疑以业绩为追求目标，一般在投资协议中会设置一定的经营业绩目标、上市目标等，并设计配以相应的回购条款、优先出售权条款等，以保障投资资本的安全性及带来基本收益保障。而作为创业原始股东（合伙人）的产业投资人，企业会在股权投资对价、比例等方面给予优惠条件。因此，对于产业投资人能为企业带来的资源、业绩提升量等也应在投资协议中予以明确。在创业早期，创业原始股东往往需要借助很多资源，很容易给短期资源投入者许诺过多股权，甚至把资源承诺者变成为公司的股东（合伙人），一旦固定下来这样的股权架构模式，往往在后期会发生矛盾和纠纷。一家创业公司的价值，需要整个创业团队长期的投入时间和精力，不断地对产品或服务进行打磨，日积月累地去实现企业的价值，最后提升股权价值，因此，对于只是承诺投入短期资源而不全职参与创业的人，或者在创业初期业务尚未定型阶段的临时性资源者等，皆不宜通过股权进行长期的深度绑定，因为股权这一资源极其珍贵，而且一旦释放出去，收回就会非常困难，深度绑定将为今后企业进行融资、融智自行设下障碍。

（3）股权激励的管理。

股权激励是指为了使激励对象对企业整体和长远利益更为努力地付出，企业有条件地给予激励对象一定数量的股权或其对应的权益，使激励对象与企业的利益深度绑定，实现风险高度共担的一种制度安排。换句话说，股权激励就是分红权、利润的分享计划。激励对象可以在企业内部，亦可以针对采取股权激励企业的外部上下游企业等。

实行股权激励是企业对员工给予美好未来的期待，以激发员工的工作热情和积极性，利用企业未来的收益来加强员工与公司的紧密度，增强企业核心人员的稳定性。在企业初创时，由于企业资金紧张，企业往往通过设计股权激励制度来吸引优秀员工。

然而，员工与企业创立者的原始思想核心是不一致的，因此，我们在设计股权激励计划时，一定必须预先设好员工激励股权的退出路径，这不仅仅是对企业股权的保护，也是对股权激励有效性的一种督促。没有股权激励退出制度的股权激励，就是企业为自己挖坑，亦达不到设置股权激励的目的。

在设计股权激励的退出制度时，对应公司的阶段性发展规划，对实施股权激励的核心员工在期限绑定上一定要进行综合考虑，确定退出前的锁定期和限制期。在设定好锁定期和限制期后，还要考虑退出时股权转让的公允价格或计算方式，以促使股权激励真正对员工起到激励效果，避免给员工造成一种“空头支票”的感觉，从而丧失股权激励之目的，更为可怕的在于不是激励了员工而是打击了员工，事与愿违。我的高中政治老师曾经讲过一个南风北风的故事：南风和北风比威力，看谁能把行人身上的大衣脱下来。北风首先吹来一阵寒风，狂风大作，寒冷刺骨，结果行人纷纷把大衣裹得紧紧的。而南风则不同于北风的策略，徐徐吹动，风和日丽，行人感受到暖风柔情，继而解扣脱衣。最后，在这场比赛中南风获得了胜利。这个小故事告诉我们如何利用好股权激励产生正面的激励，如何培养员工对企业的认同感和忠诚度，把企业当成自己的企业。有了这样的激励作用，企业在竞争中就会脱颖而出，取得成功。

当然，企业还要尽可能地降低激励股权回收成本和风险。如何设置股权激励退出的触发条件呢？企业一定要结合员工的职责职能，与业绩挂钩，比如激励对象工作表现不能达到预期目标，激励对象在特别约定的股权激励锁定期之后离职，激励对象到达法定退休年龄、死亡、离婚、违法犯罪、严重违反企业规章制度，或者对企业造成严重损害等，与绩效考核制度相结合。一旦出现股权激励退出的触发条件，企业应当尽快收回员工的激励股权，树立严格遵守规章制度的办事风气，对其他股权激励对象来说也是一个良好的教育，从而形成企业的一种制度文化。

2. 股权退出对价的确定

在前述股权退出的主动方式中，对于上市公司或在交易市场挂牌的公司即二级市场退出或新三板退出，由于面向公开市场和普通投资者，股价金额可以直接通过市场的客观评价而得以体现。但是，除二级市场退出、新三板退出及清算退出外，其他股权退出方式均会涉及股权退出股权对价的确定问题。不论是主动式还是被动式股权退出，对股权价格的确定都是股权退出中十分重要的问题。对股权退出对价的确定方法不同，将直接影响股权转让价格以及公司、股东和受让方各方的利益。对非上市公司而言，由于公司本身的封闭性，无法通过资本市场对股价做出客观、公正的评价，如何确定合理合适的价格也是一个客观的难题。一般来说，确定股权转让价格通常有如下 5 种方法。

（1）出资额法。

即股权转让价格按照股东工商登记时的出资额作为定价基础。实际上，股东的出资与股权的实际价值往往存在较大差异，如果对股东的股权未经作价，以原出资额直接转让，这就混淆了股权与出资的概念。在实践中，出于合理避税方面的考虑，加之任何一种股权对价的定价方法都各有利弊，这种定价方法较为常见。

（2）净资产法。

即股权转让价格以退出股权时财务报告上的公司净资产价格作为定价基础。无论是公司的注册资金，还是实缴注册资本，都不能与公司现实的实际价值画等号，因此，以财务报告上公司净资产价格作为股权对价的定价基础更公平，将公司净资产额作为股权转让价格简单明了，便于计算和操作。但由于其不能体现公司资金的流转等公司运作的重要指数，也不能反映公司经营的实际情况，因此，实际操作中采用此种方式的较少。

（3）评估价法。

即委托第三方机构对公司价值进行评估，以评估价作为定价基础。公司都有其自身价值，价值评估是资本市场参与者对一个公司在特定阶段价值的判断。在实际操作中，比如，涉及互联网科技类的轻资产公司，因其存在大量的商誉、市场份额等无形价值，如果采取净资产法确定股权退出对价，则有一些局限性。因此，把评估公司评估的价值作为股价基础是最科学公允的。同时，评估价法也有一定的成本，很少有公司会为某个员工的退出做一个全方位的资产评估。当然，公司如果做股权激励，定期进行统一的公司评估并公布给员工，更能建立起彼此的信任和支持。

但是，用审计评估的方法却不能体现公司的不良资产率、公司发展前景等对股权价值有重要影响的因素。比如，石家庄三鹿集团股份有限公司商誉一夜化零的现象在市场中并不是个例，而且未来价值也带有浓厚的主观性。司法实践中，法院在面临必须确定股权价格时，通常会选择委托评估公司进行价格评估。

（4）以最近一次的公司融资估值法。

即股权退出时以公司最近一次的融资估值来确定股权转让价格。这种方法简单易操作，但是以存在最近一次公司融资为前提，且取决于最近一次的公司融资是否科学、合理。如最近一次的公司融资的估值存在问题，那么以最近一次的公司融资估值就会存在问题。实际操作中采用此种方式的较少。

（5）协商作价法。

即由股权的转让方和受让方按照意思自治的原则协商确定股权转让价格。这是一种主观定价法，转让方和受让方可以综合考虑企业资产的历史、现状与未来以及其他需要考虑的因素，确定双方都满意的价格。协商作价法因其主观性而存在一定弊端，容易让人对交易的公允性产生怀疑。

上述关于股权退出的价格计算的5种方法都有一定的可取之处，同时也各自存在自身的不足。在股权的退出定价机制中，没有绝对符合各方要求的定价方式，因而在现实操作中上述定价方式已经不再是单一的应用，而是表现为组合应用，并结合具体的方案适当加入一些变量或做加权。合理的估值是投资增益的基石，但是，不同企业的商业模式不同，企业所处的发展周期也不同，以及宏观政策总是在不断变化，因此企业估值没有一个量化的统一公式，可以说企业估值是一个复杂而又非常有考究的技术活。公司股权退出的价格估值是双方甚至多方协商的结果，没有一个绝对的公允值。公司的估值受到众多因素的影响，因此，在转让基准价格确定后，交易各方可根据意思自治原则，结合公开市场可类比价格，比如前20个交易日的平均价格，由退出方和承接方最终协商确定股权价格，只要不损害国家、公共利益以及第三人的合法权益，均是受法律保护的。

第三节　股权退出的新趋势

在我国改革开放40周年和基金业发展20周年之际，我国股权市场的发育程度相当于美国20世纪70年代末80年代初的水平，但现在信息传播更快，技术发展程度更高，经济发展速度也比以前更快。我国股权退出的方式除了上文提到的5种主动式退出方式以及两种被动式退出方式外，还出现了一种新的趋势即科创板退出方式。因此，在这里探讨科创板发展新思路，打开行业发展新格局，无疑具有十分重要的意义。

2018 年 11 月 5 日，国家主席习近平在首届中国国际进口博览会开幕式上宣布，将在上海证券交易所设立科创板并试点注册制，支持上海国际金融中心和科技创新中心建设，不断完善资本市场基础制度。消息一出，资本界一片欢欣鼓舞。

在上交所设立科创板，不但是落实创新驱动和科技强国战略、推动高质量发展、支持上海国际金融中心和科技创新中心建设的重大改革举措，而且是完善资本市场基础制度、激发市场活力和保护投资者合法权益的重要安排。

科创板的设立，旨在补齐资本市场服务科技创新的短板，是资本市场的增量改革，将在盈利状况、股权结构等方面做出更为妥善的差异化安排，增强对创新企业的包容性和适应性。

2015 年 12 月 27 日，第十二届全国人民代表大会常务委员会第十八次会议通过：授权国务院对拟在上海证券交易所、深圳证券交易所上市交易的股票的公开发行，调整适用《中华人民共和国证券法》关于股票公开发行核准制度的有关规定，实行注册制度，具体实施方案由国务院作出规定，报全国人民代表大会常务委员会备案。本决定的实施期限为二年。国务院要加强对股票发行注册制改革工作的组织领导，并就本决定实施情况向全国人民代表大会常务委员会作出中期报告。国务院证券监督管理机构要会同有关部门加强事中事后监管，防范和化解风险，切实保护投资者合法权益。本决定自2016年3月1日起施行。

2018年2月24日，第十二届全国人民代表大会常务委员会第三十三次会议通过《关于延长授权国务院在实施股票发行注册制改革中调整适用<中华人民共和国证券法>有关规定期限的决定》：为了稳步推进实施股票发行注册制改革，进一步发挥资本市场服务实体经济的基础功能，第十二届全国人民代表大会常务委员会第三十三次会议决定：授权国务院在实施股票发行注册制改革中调整适用《中华人民共和国证券法》有关规定的决定施行期限届满后，期限延长二年至2020年2月29日。

因此，从上述全国人民代表大会常务委员会通过的两份决定来看，全国人大常委会对实施股票发行注册制已有授权，在科创板试点注册制是有充分的法律依据的。

2018年12月19—21日，中央经济工作会议在北京举行，对资本市场的发展给出了九十六字方针，即“资本市场在金融运行中具有牵一发而动全身的作用，要通过深化改革，打造一个规范、透明、开放、有活力、有韧性的资本市场，提高上市公司质量，完善交易制度，引导更多中长期资金进入，推动在上交所设立科创板并试点注册制尽快落地”。

2018年12月24日，中国证监会召开党委（扩大）会议，传达学习中央经济工作会议精神，研究2019年推进资本市场改革发展稳定工作。其中，谈及2019年的工作重点，中国证监会列入第一位的就是科创板，特别指出："确保在上交所设立科创板并试点注册制尽快落地，统筹推进发行、上市、信息披露、交易、退市、投资者适当性管理等基础制度改革，更好地服务科技创新和经济高质量发展。""健全多层次市场体系，支持企业拓展直接融资渠道。深化创业板和新三板改革，加快发展私募股权投资基金，发展和完善企业资产证券化业务，推动债券品种创新，更好支持民营经济发展。"

天下大事，必作于细。我国股权退出方式的新趋势必然在世界格局的形势下进行，目前世界经济的格局恰恰是危和机同生并存，克服了危即是机，失去了机即是危。我国资本市场的改革沿用了我国改革开放的方法论，采用双轨制增量改革的策略。因此，未来我国股权退出方式的新趋势必将是在我国多层次资本市场中进行的，包括 IPO、新三板以及未来推出的科创板。

案例：小肥羊创始人张钢股权退出

一、基本简介

内蒙古小肥羊餐饮连锁有限公司（以下简称小肥羊）的故事大家应该都很熟悉，网上各种版本的演绎也不胜枚举，本文就不再赘述，仅就几个关键时点进行提示，便于理清小肥羊的发展脉络。

1999 年 8 月，小肥羊诞生于内蒙古包头市，张钢、陈洪凯共同出资（出资比例6:4），以经营特色火锅及特许经营为主业，兼营调味品及专用肉制品的研发、加工及销售业。

2004 年 10 月，卢文兵从蒙牛调任到小肥羊担任常务副总裁，负责小肥羊的财务规范和信息化建设，成为小肥羊事实上的 CEO。

2006 年 7 月 27 日，国际大型投资机构 3i 集团投资 2000 万元、普凯基金投资 500 万元与小肥羊签订“合作协议”，推动小肥羊的管理走向了规范化和国际化的道路，使之具备了国际化的治理结构和融资能力。

2008 年 6 月 12 日，小肥羊在香港上市，是我国首家在香港上市的品牌餐饮企业，被誉为“中华火锅第一股”。

2009 年 3 月，百胜集团通过旗下投资公司收购了 3i 集团和普凯基金持有的小肥羊 13.92% 股权，同时向小肥羊控股股东收购 6.07% 股权，2009 年 10 月增持小肥羊股权至 27.3%。

2011 年 5 月 15 日，小肥羊发布公告称，肯德基母公司百胜集团将溢价 30%，以每股 6.5 港元现金收购小肥羊 93.2% 的股权。

2012 年 2 月 2 日，小肥羊在港股摘牌，正式被百胜集团私有化，成为“中国餐饮退市第一股”，小肥羊原总裁卢文兵也同时宣布离职。

二、 案例分析

小肥羊被 3i 集团、普凯基金共同看好，主要是基于以下几点：①小肥羊是全国知名的火锅餐饮品牌，味道独特；②小肥羊的产品实现了标准化的重视餐饮模式；③小肥羊的垂直整合模式增加了用户黏性；④小肥羊的专用肉制品研发、加工，保障了主要原材料供给的可持续性及安全性；⑤小肥羊良好的财务业绩及研发能力。

但是，小肥羊作为中国本土餐饮企业，与国际领先的餐饮服务企业仍然存在不小的差距，比如营销观念不足、连锁经营管理尚待完善、人力资源管理缺乏等。而3i集团的这样跨国投资机构，具有丰富的餐饮业投资经营，其在华投资也有10年之久，其拥有的独特国际网络可为小肥羊提供丰富的业内经验和公共关系资源。本次投资对于小肥羊，除了2500万元的发展资金支持，投资人还向小肥羊派驻了Nish Kankiwala（汉堡王国际公司前总裁）和杨耀强（肯德基香港运营公司总裁）两位世界级餐饮业管理人才。

中国有句古话叫“打江山容易，守江山难”。张钢和他的创业团队在打江山时团结一致，但是在公司上市之后，利益可变现、可分配时，每个人的利益出发点就不尽相同了。作为核心创始人的张钢，他是期望将小肥羊做成百年品牌的，但是在引入境外资本后，随之进入的职业经理人团队带入的百胜模式和张钢创业团队的传统企业生态环境发生了严重冲突，这有可能导致小肥羊严重内讧。张钢通过多年外出学习清楚地认识到，在竞争激烈的中国餐饮业，百胜模式或许才是制胜之道，也许百胜能给小肥羊一个更好的未来，将小肥羊打造成百年品牌。

很多观点都认为，小肥羊是一个创业失败的案例，是一个境外资本侵蚀民族品牌的教训。但是，如果我们站在风险投资、创业财富实现、品牌规划的角度，就会发现小肥羊其实是一个非常成功的案例。

首先，3i 集团和普凯基金对小肥羊的投资堪称私募股权投资的一个经典成功案例。3i 集团、普凯基金投资的引入、运作以及退出环节都切实保障了风险投资人的利益，同时也与被投资的企业达到了双赢的效果，各取所需，共同发展。小肥羊在 3i 集团、普凯基金风险投资的引入过程中，得到了规范的管理，风险投资辅助小肥羊建立完善的股权结构、理顺产权关系、全面协调公司资产重组、财务安排、法律规范、包装策划等，对小肥羊引进人才和上市融资都起到了积极的作用。3i 集团和普凯投资在不到 3 年的时间里也获得了高额的投资回报。

其次，张钢与陈洪凯这样的民营企业家，在短短的 10 年时间里成功养育了一只“小肥羊”。小肥羊一头连着城市消费，一头连着牧民生活，创业 10 年带动相关就业近 24 万人，有效地带动了草原经济发展、农牧业产业升级和城市就业。张钢及其创业团队出售小肥羊的股份，也是对自身创业的经济价值的体现。

最后，合规管理的国际化是我国民营企业走向世界的前提条件，持续、高效经营的团队非常重要。小肥羊品牌的创立初期，主要依靠的是张钢的人格魅力打造的团队凝聚力实现的，但是从企业长远发展、品牌规划的角度出发，这种因个人情结而缔结的组织关系是无法与国际接轨的，无法有效地促进企业长远发展，更不利于打造一个企业的品牌特色，而且百胜模式和小肥羊的现实地缘情结有着无法调和的矛盾。因此，在融资、上市成功后，创业团队的成员主动退出企业的股权、经营管理权，也是助力企业长远发展的一种方式。当然，小肥羊在百胜集团的标准化运作下渐渐失去个性化魅力，出现门店越开越少的窘境也不是百胜愿意看到的，百胜集团成了小肥羊的“接盘侠”，也说明其对中华餐饮的博大精深还未真正领会。

张钢为了引入百胜集团入驻小肥羊，主动劝说和他一起打拼的兄弟们卖掉小肥羊股份，而义字当头的他也必定为兄弟们做足准备。在保障大家从小肥羊退出的股价利益的同时，张钢也致力于火锅上游产业布局，再次带领他的兄弟们大力发展肉业的调料基地。

小结

股权退出不应被理解为美人迟暮、英雄卸甲，其只是商业、资本运作中的一个环节而已，不应以此论成败。退出不仅仅涉及通常理解的投资资本退出，还有可能涉及激励股权的退出、继承股权的退出、原始股东的股权退出，甚至还包括核心创始人的股权退出等。企业发展的价值在于打造一款好的产品、创立一个有价值的品牌、创新一种可持续的商业模式等，其最终的利益归结在企业。某个股东可能在特定的阶段会是企业的符号、动力源，但随着企业发展需求的不断变化，资本的引入、新技术的创新是有可能将不具有长期成长性的创始人淘汰的。退出并不可怕，以合理的对价做体面的、有礼有节的主动选择，这才是股权退出最美好的样子。

第五堂课　股权融资

第一节　股权融资概述

一、股权融资的概念与特点

1. 股权融资的概念

当前我国不少行业特别是传统制造业、房地产业面临产能过剩、市场饱和、资源短缺、环境污染等问题，尤其是金融环境不太理想，金融工具缺乏，资金供应渠道少，专业水平低，投资策划和管理不健全。诚如本书前述，我国已经进入股权（资本）经济时代。在计划经济时代向市场经济时代发展的过程中，大批没有市场能力的企业倒闭了；而随着市场经济向资本经济进化发展，没有资本能力的企业也将被淘汰，大批企业将退出历史舞台。

自 2013 年以来，无论是《政府工作报告》还是中央经济工作会议，每年都在提“发展多层次资本市场”这一战略布局，尤其是自党的十九大以来，我们进入了新时代。在新时代下，企业的发展模式和竞争手段必须发生根本性的变化，资本能力将替代传统的生产能力、营销能力、经营管理能力等，成为未来企业的核心竞争力。资本能力包括融资能力、投资能力以及资本运作能力等。只有将企业的产（业）（金）融结合起来，才能屹立于不败之地。

资金是企业体内的血液，是企业进行生产经营活动的必要条件，没有足够的资金，企业的生存和发展就没有保障。因此，企业融资是壮大企业实力、获取企业更大效益的方式。那么，什么是企业融资呢？企业融资是指企业从自身生产经营现状及资金运用情况出发，根据企业未来经营与发展策略的需要，通过一定的渠道和方式，利用内部积累或向企业的投资者及债权人等筹集生产经营所需资金的一种经营活动。股权融资是企业融资的主要方式之一，指的是融资公司和投资人在双方合意的基础上由投资人向公司注入资金并获取公司股权的金融交易。

2. 股权融资的四大特点

（1）长期性。

企业通过股权融资筹措的资金可以长期使用，具有永久性，无到期日，不需归还。

（2）不可逆性，但退出条件苛刻。

企业通过股权融资筹措的资金，投资人欲收回本金和收益，需要借助股权退出机制退出，但退出条件对于企业来说一般比较苛刻。

（3）无负担性，但面临控制权风险。

企业通过股权融资筹措的资金没有固定的股利负担，但会稀释企业的股权比例，从而面临失去企业控制权的可能性等。

（4）融资又融智。

企业通过股权融资与投资人一起，通过提升管理水平，优化治理结构，将企业打造成为值钱的企业，共同分享企业成长、盈利与增长的价值。

3. 股权融资与债权融资有何不同

在企业融资中，与股权融资相对应的另外一种主要融资方式即债权融资。债权融资与股权融资的主要区别在于债权融资获得的是资金的使用权而不是所有权，债务到期时须偿还本金和利息。而股权融资所获得的资金，企业无须还本付息，共同分享企业的成长、盈利与增长。另外，两者还在收益方式、管理权、风险程度以及法律适用等方面存在不同。

二、股权融资的常见方式

按融资的渠道来划分，股权融资主要分为两种方式，即公开市场发售和私募发售。大多数股票市场对于申请发行股票的公司都有一定的条件要求，例如，我国《首次公开发行股票并上市管理办法》（2018 年修订）第二十六条第（三）项规定："发行前股本总额不少于人民币 3000 万元"。对大多数民营中小型企业来说，较难达到上市发行股票的门槛，因此，私募发售成为民营中小企业进行股权融资的主要方式。

1. 公开市场发售

公开市场发售是指通过股票市场向公众投资者发行公司的股票来募集资金。通过公开市场发售的方式来融资是最为理想的融资方式，企业上市一方面会募集到巨额的资金，另一方面，资本市场将给企业一个市场化的定价，使企业的价值为市场所认可，为股东带来巨额财富。同时，有利于建立现代企业制度，规范法人治理结构，提高企业管理水平，降低经营风险；有利于企业树立品牌，提升企业形象，更有效地开拓市场，降低融资与交易成本，利用金融工具进行行业整合，迅速把企业做大做强。

在我国，公开市场发售包括公司的上市、上市公司的增发和配股3种形式，这都是利用公开市场进行股权融资的具体形式。我国国内公开市场发售的渠道有：主板、中小板、创业板、新三板以及即将推出的科创板。目前，我国企业境外上市的主要地方有：香港主板、香港创业板、纽约证交所、美国NASDAQ、加拿大多伦多证券交易所、新加坡交易所、伦敦证交所、东京交易所等。

2. 私募发售

私募发售是指公司自行寻找特定的投资人，吸引其通过增资入股公司的一种融资方式。私募股权投资一般投资于民营中小型企业即非上市企业，并且其项目选择的唯一标准是能否带来高额投资回报。在当前的社会资本环境下，私募发售是所有融资方式中民营企业比国有企业更占优势的融资方式。这是因为民营企业产权关系简单，无须进行国有资产评估，没有国有资产管理部门和上级主管部门的监管。在私募领域，不同类型的投资者对融资公司的影响是不同的。

目前，在我国私募发售主要针对以下几类投资者：个人投资者、风险投资机构、产业投资机构和上市公司。

(1) 个人投资者。

个人投资者即以自然人身份从事股票买卖的投资者。我们常说的股民就是指个人投资者，具体来说包括合法持有现时有效的中华人民共和国居民身份证、军人证、护照等证件的中国居民。个人投资者虽然投资的金额不大，一般在几万元到几十万元之间，但在大多数民营公司的初创阶段起到了至关重要的资金支持作用。

在这里特别值得一提的是，个人投资者进行的私募投资与在金融机构办理的资产管理业务的投资数额要求是不同的。目前，在我国资产管理业务对于个人投资者有严格的要求，即必须具备合格投资者的条件。2018 年 4 月 27 日，中国人民银行、中国银行保险监督管理委员会、中国证券监督管理委员会、国家外汇管理局共同颁布了《关于规范金融机构资产管理业务的指导意见》（银发〔2018〕106 号）（以下称资管新规），提高了私募基金的投资人标准，对于自然人合格投资者而言，既要求有两年投资经历，又对金融资产数额和个人收入数额进行要求。2018 年 9 月 26 日，中国银行保险监督管理委员会制定了《商业银行理财业务监督管理办法》，作为资管新规的配套实施细则，与资管新规充分衔接，共同构成银行开展理财业务需要遵循的监管要求，引导理财资金以合法、规范形式进入实体经济和金融市场；促进统一同类资管产品监管标准，更好保护投资者合法权益，逐步有序打破刚性兑付，有效防控金融风险，进一步落实十九大报告。

（2）风险投资机构。

风险投资机构包括在中华人民共和国境内合法注册登记或经有关政府部门批准设立的企业法人、事业法人、社会团体或其他组织。风险投资机构是我国发展最快的投资力量，其涉足的领域主要为高新技术、互联网、移动互联网、产业互联网、金融行业、医疗健康等相关领域。风险投资机构追求资本增值的最大化，它们的最终目的是通过上市、转让或并购的方式，在资本市场退出。

对民营企业来说，选择风险投资机构进行股权融资的好处在于：①没有公司控股的要求；②有强大的资金支持；③不参与公司的日常管理；④能改善公司的股东背景，有利于公司进行再次融资；⑤可以帮助公司规划未来的再融资及寻找上市渠道。但同时，风险投资机构也有其不利之处，其主要追逐公司在短期的资本增值，容易与公司的长期发展形成冲突。同时，风险投资机构也缺少提升公司能力的管理资源和业务资源。

（3）产业投资机构。

产业投资机构又称策略投资者，其投资目的是希望被投资公司能与自身的主业融合或互补，形成协同效应。对民营企业而言，选择产业投资机构进行股权融资的好处在于：①具备较强的资金实力和后续资金支持能力；②有品牌影响力；③业务协同效应；④在公司文化、管理理念上比较接近，容易相处；⑤可以向被投公司输入优秀的公司文化和管理理念。同时，产业投资机构也有不利之处：可能会要求对被投公司的控股；可能会对被投公司的业务发展领域进行禁止或限制；也可能会限制新投资者进入。

（4）上市公司。

作为私募融资的重要参与者，上市公司在中国有其特别的行为方式：由于上市时募集了大量资金，上市公司参与私募大多是利用资金优势为公司注入新概念或购买利润，以抬高股价，达到维持上市资格或再次圈钱的目的。当然，有一些长远战略眼光的上市公司，因为看到了被投资公司广阔的市场前景和巨大发展空间，投资是为了自己产业结构调整的需要。但对于上市公司而言都会要求对被投公司的控股，以达到合并财务报表之需要。因此，民营中小型企业必须十分谨慎，全面考量，一旦出让了公司的控制权，未来因发展等原因，将面临被清退出局的危险。

3. 股权融资与股权投资的关系：先融资，后投资

融资是企业资金筹集的一种行为和过程，企业根据自身的生产经营、资金状况以及企业未来经营发展的需要，通过科学的预测和决策，通过一定的渠道向企业的投资者和债权人筹集资金，保证企业资金链的充足供应和正常生产、经营管理等活动的行为。从广义上讲，融资即金融，就是货币资金的融通，是指当事人通过各种方式到金融市场上筹措或贷放资金的行为。换句话说，金融就是投

融资。

股权融资与股权投资二者是双向的关系，从借款人角度叫股权融资，从投资角度叫股权投资。股权融资为借款人通过股权融入资金；股权投资为出借方通过股权投出资金。那么，对于企业来说，到底是先融资还是先投资？投资市场往往充满了风险，未来具有不确定性，为了保证资金的落袋为安，我建议先融资后投资，早融早动，晚融晚动，不融不动。先融资后投资的道理类似于索罗斯的一句投资名言："先投资，后考察。"但在我国大多数企业，是先投资后融资，导致企业在投资了大量资金后，因没有融到资，资金缺失导致投资项目失败，进而影响到了企业的发展和生存。例如，一家北京的药企，要上一个新药项目，把企业自有资金 3000 万元用于建造厂房和购买设备。到了项目建设中途时，把自有资金用完了，才想到去进行融资，结果没有能够及时融到资，导致项目泡汤，把企业拖垮。这亦是本书在编写过程中，将股权融资放在了股权投资之前的原因。

第二节　股权融资的利器——商业计划书

一、 商业计划书的本质

一份好的商业计划书是融资必备的敲门砖。商业计划书作为融资项目的重要材料，写得好与差，在一定程度上会影响融资的成功率。何谓商业计划书？商业计划书又称商业策划书，英文为 Business Plan，缩写为 BP。商业计划书是指提供给投资人和一切对创业者的项目感兴趣的人，为向他们展现创业的潜力和价值而制作的书面文件。商业计划书可以说是企业法人的简历，通俗一点讲就是企业法人向投资人发出的一封求爱信，是一切故事开始的基础。打动投资人，说服投资人做出投资决定，获取融资之目的，这是其外延含义。帮助企业法人的大股东弄清企业的未来愿景，理清企业未来的发展规划，让大股东有迭代和超越的能力，这是其内涵，这也正是商业计划书的本质。

二、 如何设计一份好的商业计划书

俗话说，“细节决定成败。”撰写商业计划书更是如此，商业计划书根据展示对象的不同，制作的版本亦不同。既可以采取一句话版本，比如马云制作阿里巴巴的商业计划书就是一句话——“让天下没有难做的生意”，也可以采取一页纸版本、简版、详版等版本。做项目时，建议以上 4 种类型的版本都要设计出来，针对投资人的不同以及融资阶段的不同而选用。当然详版的商业计划书一般是锁在项目大股东的电脑里，不轻易给人展示的，甚至于对项目公司里的其他工作人员都不会展示，因为那里面有自项目的商业秘密和商业价值，一旦泄露，可能前功尽弃，毁于一旦。

如何设计一份好的商业计划书？天高任鸟飞，海阔任鱼跃，商业计划书永远没有固定的格式，在此我把自己制作商业计划书屡试不爽的4W2H模型介绍给大家。如果掌握4W2H模型，制作商业计划书就会游刃有余，不再犯怵。4W2H是英文中最常见的六个问题：What（做什么，解决什么样的痛点，减少了什么浪费，怎么做，达成什么结果），Why now（行业背景，市场现状），Who（由谁做，团队的重要性、适合性），Why you（核心竞争力），How（商业模式，实现路径），How much（要多少，融资计划，财务预算）的缩写。4W2H模型的示意见图5-1。

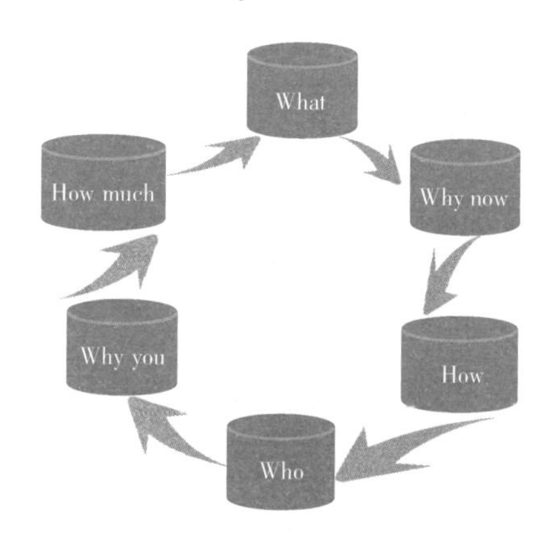

图5-1　4W2H模型示意

1. What

一句话说清楚你准备干什么事——项目是做什么的，怎么去做，以及达成什么结果等，如图5-2所示。一般需要2页左右PPT即可。

一份好的商业计划书起码要让投资人轻松读到这几个问题的答案：这个项目是做什么的？产品是什么？产品能够解决什么痛点？什么是好的产品？打算怎么做？达成什么样的结果？投资是否有价值？要对至少以上问题形成清晰而明确的答案，不要大而全，模棱

图 5-2　4W2H 模型中的“What”

两可，要突出专注点，且能够自成一体，逻辑缜密。

2. Why now

为什么是现在？要分析行业背景和市场现状，如图 5-3 所示。行业背景是通过对市场和行业的分析，通过行业规模、市场现状、市场需求、竞争程度等指标总结出来，说明在正确的时间在做正确的事情，而且市场空间大。一般需要 4 页左右 PPT 即可。

图 5-3　4W2H 模型中的“Why now”

（1）行业背景。

行业规模是大格局的事情，因此要用数据说话，制作出图表。行业是不是在风口？是在等风来还是风已过？这个行业的竞争格局是分散的还是集中的？对手是谁？在做什么？竞品同我们的产品的差异化在哪里？

例如：火车站有很多付费的按摩座椅，一扫码就可以坐。在廊坊高铁站都换成了按摩椅，结果却发现扫码的就比较少，原因何在？因为顾客在坐按摩椅时，没有了差异化和优越感，而南京高铁站的按摩椅，设置为发声的提示声音，一旦你坐在上面，就出提示声音，“劳驾，请扫码入座，谢谢您的合作。”这么一提示，你就会赶紧掏出手机扫码入座，结果反倒比全部是按摩椅的廊坊高铁站的按摩椅扫码概率高。当然，这一产品还可以引入到各家电影院的外厅等地方。

（2）市场现状。

“小池塘里不会有大鱼”，公司的成长空间和机构的投资回报都依赖于目标市场的半径有多大。以共享充电宝项目为例，在人人离不开手机的当下，手机电池续航能力不能满足人们对美好生活的向往，而且在户外充电不便捷，不是忘记带就是充电宝太笨重。专注在这个市场的项目，其天花板有多高是可以估算出来的。在我国，100～300元的充电宝的市场规模只有100亿元，而且又有很多强势的竞争者，哪怕这个品牌做到10%的市场占有率，也只能卖10亿元。与此同时，我们也要考虑到这是充电租赁，共享经济，可以多次使用，且还可以在上面投放广告等收益，市场半径比较大，因此前景仍然可期。同时，还要考虑到相对行业竞争对手，我们的优势是什么？壁垒（护城河）在哪里？选择一个对标企业进行参照，用竞争对手来提升自己，这就是抬轿子的故事。同时，让投资人感觉到现在找到这个项目，投资人不但开明，而且抓住了时机。

3. How

要分析商业模式和实现路径，如图5-4所示。旨在告诉投资人如何挣钱、如何挣大钱、如何分大钱，以及定位是什么等问题。一般需要 5 页左右 PPT 即可。

图 5-4　4W2H 模型中的“How”

（1）商业模式。

根据商业模式预测企业前景是投资人的基本能力，因此商业模式是一个关键的投资驱动因素。商业模式的本质是利润 = 收入 – 成本。所以，商业模式要考虑的问题是，项目的收入结构及成本结构在时间序列上是如何展开和延伸的。简单说就是两句话：一是如何挣大钱；二是如何持续不断地挣大钱。商业模式需要展示企业未来如何赚钱，以及为什么现在的产品形态及发展趋势能够支撑未来的盈利模式，概括一句话就是：用多少时间多少钱达成目标。切忌商业模式神秘主义，说不清楚的商业模式一定不是好的商业模式。

（2）实现路径。

在讲清楚商业模式的基础上，要做出实现这个项目的具体方案：项目是如何实施的，最终达成什么目标，包括但不限于产品的研发、生产、市场、销售等运营策略。当我们拿出自己的商业计划书时，表面看是在向投资人讲实现路径，实际上是在与投资人进行思想的交锋和较量。

以上“WHat、Why、How”讲的都是商业计划书中的“事”。这充分说明，做项目要坚持以事为先的原则，因为事是切入点，就是看看这个行业到底好不好，能否体现出根本性的变革趋势，带动整个产业链的发展和变化。正如柳传志的投资秘诀：事为先，人为重。要做一件大格局的事业，就要用大格局的理想和梦想去引导、去践行。

4. Who

由谁做？重点阐释团队的重要性、适合性、匹配性，如图 5-5 所示。投资行业经常有“投资就是投人”的说法，团队也因此被很多投资人作为重点关注的对象。重点强调团队成员的从业经验、团队的互补性和完整性。一般需要一两页 PPT 即可。

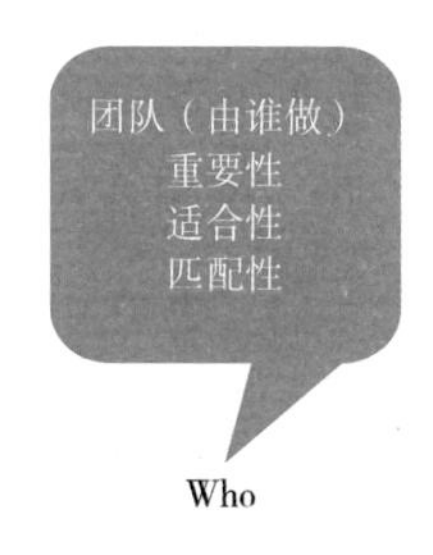

图 5-5　4W2H 模型中的“Who”

(1) 团队的重要性。

创业团队的核心是团队领导。一般来讲，投资界对于初创团队最看重的就是团队的领导怎么样，而不是项目怎么样，点子怎么样。团队的重要性不言而喻，越是资深的投资人，越是认识到这一点。越是早期的项目，团队的影响越大，因为还有很长的路要走，不确定性非常多。何为团队？人在一起叫团伙，心在一起叫团队。做到我中有你，你中有我。尤其是团队中的领导，他的驱动力在哪里，使命？激情？要逐一发掘出来。

（2）团队的适合性。

大事业，需要大人才。何谓大人才？一个团队要有资源整合的通才，营销策划的鬼才，兢兢业业执行的“奴才”。因此，在一个创业团队中必须至少要有以下3种人：

①首席执行官（CEO）：创业是一条很容易失败的道路，作为团队的CEO，位高权重责任大。尤其是在创业初期，CEO尤为重要，产品还没出来，没有数据，没有客户，也没有营销费，几乎什么都没有，不能卖产品，就只能卖自己的脸，建立自己的形象，树立企业的形象，带领团队捋起袖子加油干。

②首席财务官（CFO）：在一个企业集团或财阀中负责财务的最高执行人员。从理论上说，任何企业都应设置CFO，因为这是企业所有者为解决“内部人控制”问题，监督企业财务会计活动的需要。因此，CFO必定是由企业的所有者或所有者代表来决定的，是企业治理结构发展到一个新阶段的必然产物，也是公司核心人物，影响着公司的全局。

③首席技术官（CTO）：制订企业有关技术的愿景和战略，把握总体技术方向，监督技术研究与发展，并对技术选型和具体技术问题进行指导和把关，完成所赋予的各项技术任务/项目。一般情况下，只有高科技企业、研发单位、生产单位等才设立CTO职位，负责把CEO“吹的牛”和科学家想象出来的技术前景落实到最终产品上。

随着企业的成长，由创业初期进入成长期、发展期阶段，还需要首席运营官（COO）、首席营销官（CMO）、首席人事官（CHO）以及首席法务官（CLO）等。当然，随着社会和企业发展的潮流，未来一些民营企业还将会出现首席合规官（CC0），其有可能替代首席人事官和首席法务官。

（3）团队的匹配性。

团队成员之间要互相支持，达到适合性。那么团队如何才能达到匹配呢？这就要评估团队成员之间能力、知识、性格和价值观的匹配性。只有团队成员相互合作，相互学习，相互匹配，为团队设计的价值主张符合团队的职业规划，才能合作长久。

在有企业家和科学家的企业里，要以企业家和科学家为中心，然后带动团队里的其他成员，因为，一个团队业绩的取得，要依靠成员能力和人岗匹配以及协同工作。

5. Why you

要讲述自己的优势，包括项目优势和团队优势、核心竞争力、竞争优势以及产品的差异化，如图 5-6 所示。一般需要一两页 PPT 即可。

企业发展前景最重要的影响因素是核心竞争力。在商业计划书里，要进行有力的展示和说明，进而让投资人明白、理解，甚至让他自己得出你要说的核心竞争力。尤其是在讲述自己的核心竞争力时，一定将前面的“1”讲好，否则即使后面讲再多的“0”也都是无用的。唯有达到拨云见日的效果，才会令投资人怦然心动。

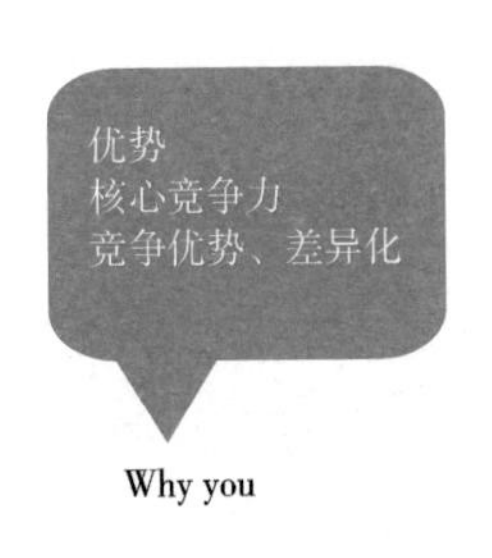

图 5-6　4W2H 模型中的“Why you”

关于差异化，理论上讲，商业竞争的本质就是为了制造差异化。竞争越激烈，商品越多，越需要不断制造差异化。如果没有差异化，物质带给人类的不再是幸福与进步，而是无尽的灾难与烦恼。所谓的差异化，就是“人无我有、人有我优、人优我新、人新我化”。

6. How much

阐释融资多少，包括融资计划和财务预算，如图 5-7 所示。一般需要 2 页左右 PPT 即可。

图 5-7　4W2H 模型中的“How much”

这里需要回答以下问题：打算出让多少股份？稀释多少股份？融资的钱去干什么？大概多久能够用完？下一轮融资什么时候启动？未来 3 年有何发展规划？在向投资人展示时，不要畏惧投资人的挑战，只有你做出了成绩，就不怕投资人的挑战。因为，在结果面前一切的挑战都是苍白无力的。当然，要自信，不要被投资人的语言或提问所激怒，相信未来，不要忽略任何一个机会，不要放弃自己的信仰，任何时候都不要忽略一颗蜗牛的心。

三、 商业计划书中的败笔有哪些

商业计划书是一封求爱信，是融资的敲门砖，其重要性大家都已知晓。通过对近千份创业者提交给投资人的商业计划书的拜读和分析，我就商业计划书中的败笔之处归纳如下 10 条：

第一，文件形式不规范。文件命名要写明项目名称。例如：[项目名称] BP－[创始人姓名]－[更新年月]，不宜用“项目计划书.pdf”这样的文件名。

第二，文件大小不合适。投资人亦很忙，整天在外奔波，移动办公是其很重要的场景，商业计划书应该尽量小，方便随时查看。

第三，页数控制不合理。页数应控制在 15 页左右。少用没有实际意义的大图、美图；如非必须，请不要在 PPT 里插入视频。

第四，编制格式没分清。计划摘要用 WORD，演示文件用 PPT，未来 3 年的财务预算用 EXCEL，设计后的商业计划书用 PDF。效率第一，另外，也方便投资人在移动设备上查看。

第五，数字、图表使用不规范。市场分析要使用有关的数字、图表，但不能把艾瑞、易观等咨询公司的数字和图表粘贴进来，这与你的项目无关。

第六，语言表述混乱，废话多，缺乏专业性。

第七，低估竞争对手实力，或干脆就认为没有竞争对手。投资人几乎天天都在看项目，你的项目属于第一个项目的概率很小，投资人对你的竞争对手是了解的，所以你务必认真地去体验各个竞争对手的产品，掌握他们的发展动向，否则，很难证明你对行业了如指掌。

第八，过多强调过往成绩，对未来风险预测不够。

第九，注重表面文章。单纯强调最大、最安全、最符合、留洋团队、政府关系、获奖等情况，对市场和上市过于乐观。

第十，未留创始人的联系方式。投资人之间经常互相推荐项目，商业计划书经过多次转发，没有联系方式，可能感兴趣的投资人需要费九牛二虎之力才能找到你。如果你怕泄露电话号码，不妨留个微信号。

第三节　股权融资谨慎使用对赌协议

一、对赌协议的概念、产生及其价值

1. 对赌协议的概念

对赌协议（Valuation Adjustment Mechanism，VAM）是国外舶来品。翻译过来的一个“赌”字，让人浮想联翩，怀疑它是人人避之唯恐不及的洪水猛兽，是资本主义社会的糟粕，是企图毒害社会主义花朵的毒瘤，这个名字一直沿用至今。实际上，VAM 直译过来的意思是“估值调整机制”，是私募股权投资中常用的一种价值调整机制与合同内容的设计和安排。

对赌协议是指当投资人与融资方之间在签订投资协议（融资协议）时，由于对未来的业绩无法确定，双方在投资协议（融资协议）中约定的内容条款，对符合一定条件成就时，由投资人行使估值调整权利，以弥补高估企业自身价值的损失；如果一定条件未成就，则由融资方行使一种权利，以弥补企业价值被低估的损失。通过内容条款的设计，对赌协议可以有效保护投资人利益。对赌协议中虽然有一个赌字，但其所涉及问题其实和赌博无关，实际上就是期权的一种形式。

2. 对赌协议的产生

风险投资（Venture Capital，VC），又称创业投资，是指具备资金实力的投资人对具有专门技术并具备良好市场发展前景，但缺乏启动资金的企业家进行资助，帮助其圆创业梦，并承担创业阶段投资失败的风险的投资。风险投资本质上属于私募股权投资的一种，其运作过程包括募集（融资）、投资、管理和退出 4 个阶段，俗称“募投管退”。这 4 个阶段解决的问题各不相同，募集（融资）阶段解决的问题是“钱从哪里来”，投资阶段解决的问题是“钱往哪里去”，管理阶段解决的问题是“钱怎么用”，退出阶段解决的问题是“钱的回笼”。而实际上，在具体执行过程中的投资、管理、退出 3 个阶段即体现了对赌协议的条款内容。在法律适用过程中，要注意与《公司法》《合同法》《民法通则》《民法总则》《物权法》及金融领域的相关法律法规的衔接，并把握好最高人民法院相关判例的裁判规则和观点。

随着私募股权投资基金在我国投资活动的日益活跃，对赌协议越来越多地被运用到投资领域，因对赌协议而引发的纠纷随之急剧增加。根据《合同法》的规定，我国共有15类有名合同，但有名合同中并没有对赌协议，因此，对赌协议应属于无名合同。由于没有明确的法律规定，对赌协议的性质在理论界存在诸多争议，有人认为对赌协议属于射幸合同，有人认为对赌协议属于附条件的买卖合同，还有人认为对赌协议是一种财务工具。我认为，对赌协议属于射幸合同，射幸合同属于无名合同的一种，是指约定的事件发生与否作为给付条件的合同。换句话说就是，一方当事人支付代价获取的只是一个机会，且该机会在效果上具有不确定性，不具有实质利益。由于其具有射幸合同的性质，故被形象地称为对赌协议。理清对赌协议的性质，才能更准确地判断其法律效力。

3. 对赌协议的价值

对赌协议的本质是投融资双方对股权投资价值的不确定的安排，是一种投资保障、价格发现和管理激励的工具。因此，对赌协议的价值主要体现在以下3个方面。

对融资企业而言，缓解了资金短缺的矛盾，改善企业经营管理架构。众所周知，我国的中小企业存在融资难、融资贵的问题，很难在银行等金融机构获得长期的充足的经营资金，而对赌协议的签订能够在一定程度上帮助中小企业缓解资金短缺的问题，这是对赌协议最为直观的价值体现。

对融资企业的管理层而言，对赌协议的签订对企业的管理层产生激励和约束的作用。由于投资人不参与、不介入公司管理，形成了资本所有权与经营权的两权相对分离，即投资人主要负责投资，融资方主要负责经营管理。为了激发融资企业管理层勤勉负责地工作，往往会约定当融资企业完成约定的经营目标或业绩时，投资人对融资方的管理层给予股权或现金奖励，由此激发融资企业管理层能够更好地经营管理企业。当然，由于信息不对称以及代理制这两种客观存在的投资风险，投资人为了减少或避免造成投资风险，在对赌协议中往往要求融资企业的管理层对投资人进行现金补偿或股权补偿，以警示融资企业的管理层恪守职责，勤勉负责经营管理企业。

对投资人而言，合理配置资本资源，缓解信息不对称，降低投资风险。投资人与融资企业之间签订对赌协议是为了尽可能地实现双赢的目标，在出现投资人面临投资成本无法收回的情况下，避免损失的发生，尽可能要求融资企业履行信息告知义务，有效解决信息不对称的问题，帮助投资人在投资后对投资的价值做出调整，从而最大限度地降低投资人的投资风险。

二、 对赌协议的类型划分与条款

在国外，对赌协议一般以目标企业的财务绩效、非财务绩效、赎回补偿、企业行为、股票发行、管理层去向等作为对赌标的。在我国，对赌协议一般则按照对赌的主体、投资方式、标的等进行类型的划分。

按照对赌主体的不同，对赌协议可分为投资人与融资企业（目标公司）实际控制人对赌（比如股权激励型条款）和投资人与融资企业（目标公司）对赌（比如控制权条款）。

股本激励型条款是指如果融资企业对赌条件没有实现，则由融资企业无偿给投资人一定数量比例的公司股权。例如，摩根士丹利等3家投资者机构与蒙牛乳业管理层签署了基于业绩增长的对赌协议条款，除了包括和原股东之间的股权调整外，双方还约定：蒙牛乳业2003—2006年要保持不低于50%的复合年增长率。若业绩不达标，公司管理层需将6000万~7000万股的上市公司股份输给摩根士丹利；如果达到业绩增长目标，摩根士丹利等3家投资人就要奖励给蒙牛乳业管理层相应的股份。

股权控制权条款是指如果融资企业对赌条件没有实现，则由融资企业按约定直接将企业经营权的控制权转移给投资人。例如，英联投资、摩根士丹利、高盛3家投行与太子奶集团创始人李途纯签署了一项对赌协议条款：英联投资与太子奶集团合资成立离岸公司“中国太子奶（开曼）控股有限公司”并注资4000万美元，摩根士丹利、高盛分别注资1800万美元和1500万美元，投资完成后的前3年，一旦太子奶集团的经营业绩增长达到50%以上，投资方将减少所占股权比例；如业绩增长达不到30%，实际控制人李途纯将会失去控股权。

按照投资方式的不同，对赌协议可分为投资人与融资企业基于增资对赌（比如股权稀释条款）和股权转让对赌（比如股权回购条款）。

股权稀释条款是指如果融资企业对赌条件没有实现，则融资企业承诺由投资人作为股东按约定的股权比例进行增资，通过增资稀释融资企业的股权比例，增大投资人对融资企业的控制权。例如凯雷投资与徐工集团工程机械有限公司（简称徐工机械）的对赌条款：2006 年，一旦徐工机械实现约定的业绩目标，凯雷投资增资 2.42 亿元人民币需出资 1.2 亿美元；徐工机械的经营业绩如果达不到对赌条款约定的要求，凯雷投资则增资 2.42 亿元人民币只需出资 6000 万美元。

股权回购条款是指投资人通过受让融资企业股东的股权或与融资企业签订增资协议，约定投资人认购融资企业的增资，并持有相应的股权，双方约定融资企业收回投资融资企业的条件。如果对赌条件没有实现，则由融资方企业（本身或股东）按一定的本息回购投资人投资的股权。例如高盛、鼎辉投资和 PVP 基金与雨润食品签订的对赌协议条款：若 2005 年雨润食品的赢利达不到 2.592 亿港元，投资方有权要求控股股东以 20% 的市场溢价价格赎回所持有的雨润食品股份。

按照对赌目标的不同，对赌协议可分为投资人与融资企业之间赌业绩和赌上市。

赌业绩对赌形式为投资人与融资企业就融资企业的业绩增长签订对赌协议，约定在规定的时间内，融资企业的增长需达到一定要求。若达到上述条件，投资人则向融资企业管理层奖励部分股份；若不能达到上述条件，则融资企业需按照双方约定的条件对投资人持有的股份进行回购或通过约定的计算方式以现金补偿投资人的投资款项及其他费用。而赌上市对赌形式为投资人与融资企业就融资企业约定在一定年限内可以上市为条件。若融资企业可以成功上市，投资人按照对赌协议的内容继续投资或转让相应的股权；若融资企业不能在规定年限内完成上市，则投资人有权要求融资企业对其股份进行回购或要求融资企业转移对公司的控制权等。

按照对赌标的的不同，对赌协议可分为投资人与融资企业之间的现金对赌（比如现金补偿条款）和股权对赌（比如股权回购条款、股权稀释条款、股权控制权条款等对赌）。

现金补偿条款是指投资人通过支付受让款取得融资企业的股权，双方对融资企业的业绩进行约定，若融资企业未能在对赌期间内实现对赌条件，则融资企业应当向投资人直接进行货币补偿。例如小肥羊的货币补偿对赌，投融资双方约定：从 2008 年开始的 3 年内，小肥羊承诺业绩复合年增长率不低于 40%，即小肥羊每年的利润和销售额同比增长 40% 以上。如果完不成约定目标，小肥羊将向投资方 3i 集团以及普凯基金提供现金补偿。

三、 对赌协议的效力

意思自治是我国民法和商事审判的一个重要原则，它是私法理论的基石。在不违反强制法、诚实信用原则和公序良俗的前提下，赋予对赌协议双方更多的自主权，不轻易否定“对赌协议”的效力，应该是一个明确的司法导向。党的十九大报告提出“使市场在资源配置中起决定性作用”，而股权对赌协议作为市场化资源配置的制度创新机制，作为一种新型商事交易类型，体现了投融资双方对风险控制的自主安排，强调意思自治、风险自担的审判理念。

从对赌协议的主体上看，目前主要存在“投资方和融资方”和“投资方和融资方的控股股东”两种对赌协议形式。从对赌协议纠纷涉及的案由来看，主要存在4种类型的纠纷：确认合同效力纠纷、股权转让纠纷、公司增资纠纷和民间借贷纠纷。无论是从主体来看还是案由纠纷来看，判断其是否有效的主要法律依据是《合同法》第五十二条之规定，即：“有下列情形之一的，合同无效：（一）一方以欺诈、胁迫的手段订立合同，损害国家利益；（二）恶意串通，损害国家、集体或者第三人利益；（三）以合法形式掩盖非法目的；（四）损害社会公共利益；（五）违反法律、行政法规的强制性规定。”同时，还应结合具体的对赌协议约定、个案情况及司法部门的可能态度进行分析。

中国“对赌协议第一案”：甘肃世恒有色资源再利用有限公司等与苏州工业园区海富投资有限公司增资纠纷再审案（详见《最高人民法院公报》案例2014年第8期）

基本案情：2007年11月1日前，海富投资有限公司（以下简称海富投资）作为投资方与甘肃世恒有色资源再利用有限公司（以下简称甘肃世恒）、甘肃世恒股东香港迪亚有限公司（以下简称香港迪亚）、香港迪亚的实际控制人陆某共同签订了《增资协议书》，约定海富投资以现金2000万元对甘肃世恒进行增资。《增资协议书》第七条第（二）项约定：如果甘肃世恒2008年实际净利润完不成3000万元，海富投资有权要求甘肃世恒予以补偿，如果甘肃世恒未能履行补偿义务，海富投资有权要求香港迪亚履行补偿义务。补偿金额的计算公式为：(1－2008年实际净利润/3000万元) ×本次投资金额。

《增资协议书》签订后，海富投资于2007年11月2日按协议约定向甘肃世恒缴存2000万元，其中新增注册资本114.7717万元，计入资本公积金1885.2283万元。2009年12月30日，因甘肃世恒2008年度实际净利润仅为26858.13元，远未达到《增资协议书》约定的该年度承诺净利润额。海富投资遂向法院提起诉讼，请求判令甘肃世恒、香港迪亚、陆某向其支付补偿款1998.2095万元。

本案中的《增资协议书》第七条所约定的内容属于典型的对赌协议条款。我们把一审法院（兰州市中级人民法院)、二审法院(甘肃省高级人民法院）以及再审法院（最高人民法院）的判决结果和对赌协议的效力认定分别列举出来。

一审法院判决：经协商无果后，2009年，海富投资将甘肃世恒、香港迪亚、陆某诉至兰州市中级人民法院，要求支付协议补偿款1998万元人民币。2010年，一审判决驳回海富投资的全部诉讼请求。海富投资与甘肃世恒的对赌协议条款被判无效。

二审法院判决：海富投资不服一审判决，向甘肃省高级人民法院上诉，请求撤销一审判决，支持其诉讼请求。2011年，二审判决撤销一审判决，甘肃世恒与香港迪亚共同返还海富投资1885万元人民币及利息。海富投资与甘肃世恒的对赌协议被判无效。

再审法院判决：甘肃世恒和香港迪亚不服，向最高人民法院申请再审，请求撤销二审判决，维持一审判决。2012 年，最高人民法院判决撤销二审判决，香港迪亚向海富投资支付协议补偿款 1998 万元人民币，驳回海富投资的其他诉讼请求。海富投资与甘肃世恒的对赌协议被判部分无效。

从以上 3 个审级法院的判决结果和对赌协议的效力认定来看：从 2008 年提起诉讼到到 2012 年最高法院再审判决的一锤定音，4 年时间，海富投资不仅承担着巨额的投资成本，而且背负着不知何时终结的诉讼时间成本。同样一份对赌协议条款，法院认定的效力是不一样的，这是为什么呢？这还需要从法律适用来分析，在此我把 3 个审级法院适用法律列表进行对比，见表 5-1。

表 5-1　3 个审级法院适用法律对比

	一审法院	二审法院	最高人民法院
	观点	观点	再审观点
对对赌条款的效力认定	《增资协议书》第七条第（二）项内容的约定，不符合《中华人民共和国中外合资经营企业法》第八条关于企业利润根据合营各方注册资本的比例进行分配的规定 该条规定与《公司章程》的有关条款不一致，也损害公司利益及公司债权人的利益，属于滥用股东权利的行为 该约定违反了法律、行政法规的强制性规定，认定无效	《增资协议书》第七条第（二）项仅约定了目标企业盈利能力，并未涉及具体分配事宜，且约定利润如果能够实现，甘肃世恒及其股东也均能获得相应的收益，从而有助于实现债权人利益，因此并无违反法律规定 该约定违反了投资领域风险共担的原则，参照《最高人民法院〈关于审理联营合同纠纷案件若干问题的解答〉》的规定，认定无效	海富投资有权从甘肃世恒处获得补偿的约定使得海富公司的投资可以取得相对固定的收益，该收益脱离了甘肃世恒的经营业绩，损害了甘肃世恒利益和公司债权人利益。该部分条款无效 在《增资协议书》中，香港迪亚对于海富投资的补偿承诺并不损害甘肃世恒及公司债权人的利益，不违反法律法规的禁止性规定，是当事人的真实意思表示，因此，该补偿责任的约定是有效的

（续）

	一审法院	二审法院	最高人民法院
	观点	观点	再审观点
适用法律	《中外合资经营企业法》第八条；《公司法》第二十条第一款；《合同法》第五十二条第（五）项	《最高人民法院〈关于审理联营合同纠纷案件若干问题的解答〉》第二条第二项；《合同法》第五十二条第（五）项	《公司法》第二十条第一款；《合同法》第五十二条第（五）项

可以看出：

本案的争议焦点为《增资协议书》第七条第（二）项即对赌协议条款是否具有法律效力，进而得出："对赌的主体是投资人与融资企业的股东对赌，可以，属于合法有效；如果是投资人与融资企业对赌，不可以，属于无效，因为这损害了融资企业债权人利益"。

同时，我们从本案中进一步看出：①总体上，只要对赌条款是双方真实意思表示，履行了合法有效的批准程序和签订程序，在不存在《合同法》等法律直接规定的无效情形下，是合法有效的。②对赌条款中约定收取的固定比例利息，不会被认定为"名为合营、实为借贷"，但建议应该避免使用股东投资回报的约定形式。③根据权利义务一致的基本原则，应该避免单项对赌，以体现共担经营风险之原则。

3 个审级法院都适用了《合同法》第五十二条第（五）项关于合同无效之规定，为何得出截然不同的结论呢？这是因为《最高人民法院关于适用 <中华人民共和国合同法> 若干问题的规定（二）》第十四条规定："合同法第五十二条第（五）项规定的'强制性规定’，是指效力性强制性规定。”

那么，何为“效力性强制性规定”？作为一个法理概念，对此并无明确的法律界定其评判标准，这在司法实践中争议非常大。“效力性强制性规定”的外延如何确定？法理学中将“强制性规定”分为了两类：一类是效力性强制性规定，一类是管理性强制性规定。违反前者合同属于当然无效，违法后者并不意味着合同无效。根据沈德咏等主编的《最高人民法院关于合同司法解释（二）理解与适用》第111—113页，对于效力性强制性规定的识别主要是从正反两个方面进行：判断某项规定属于效力性强制性规定还是管理性规定的根本在于违反该规定的行为是否严重侵害国家、集体和社会公共利益，是否需要国家权力对当事人意思自治行为予以干预。法律、行政法规的强制性规定仅关系当事人利益的，该规定仅是为了行政管理或秩序管理需要的，一般为管理性强制性规定。此外，效力性强制性规定调整的对象应为行为内容，管理性强制性规定限制的是主体的行为资格。

合同是平等主体之间设立、变更、终止民事法律关系的意思表示的形式，是当事人意思自治的工具，体现的是当事人的行为自由和自主承担结果，在合同未违反法律、行政法规强制性规定，未侵犯国家、社会公共利益和第三方利益时，应当尊重当事人意思自治的自由意志，避免干涉。最高人民法院在2010年全国商事审判工作会议上首次明确了树立商事审判理念的要求，提出“要谨慎介入当事人自治领域，充分尊重当事人合同自由权利和对公司的自治权利”，继而又在2013年全国商事审判工作座谈会上进一步深入阐述了商事审判理念的内涵和实质，鲜明地提出“要注重保护当事人的缔约机会公平、形式公平，强调意思自治、风险自担”的要求。

2014年6月3日，最高人民法院《关于人民法院为企业兼并重组提供司法保障的指导意见》（法发〔2014〕7号）第六条规定：“要坚持促进交易进行，维护交易安全的商事审判理念，审慎认定企业估值调整协议、股份转换协议等新类型合同的效力，避免简单以法律没有规定为由认定合同无效。”

2014年12月17日，最高人民法院《关于依法平等保护非公有制经济促进非公有制经济健康发展的意见》（法发〔2014〕27号）第四条规定：“正确认定民商事合同效力，保障非公有制经济的合法交易。要处理好意思自治与行政审批的关系，对法律、行政法规规定应当办理批准、登记等手续生效的合同，应当允许当事人在判决前补办批准、登记手续，尽量促使合同合法有效。要正确理解和适用合同法第五十二条关于无效合同的规定，严格限制认定合同无效的范围。”进一步要求司法实践应充分尊重商事主体自主的商业安排，最大限度地保护交易方的合理预期，避免不当裁判对市场及行业的消极影响。

我认为，对赌条款在进行确认强制性规定类别时，应当以“认定管理性强制性规定为原则，效力性强制性规定为例外”。对赌条款的效力要看投资的合同目的，对于投资人而言为获益退出（包括通过IPO、并购、回购等方式），融资企业和原始股东对此明知。如果不符合约定的对赌条件而剥夺投资人要求回购的权利，则会导致权利义务的严重失衡，也违背了合同目的。法院依据《合同法》认定对赌协议的合同效力，维持或者取缔当事人之间设定的民事法律关系，督促民事主体诚实可信，其根本目的是促进和保障市场经济良序发展。

尽管如此，我还是建议：鉴于相关的法律法规并未就对赌协议的效力做出明确规定，且最高法院也未出具相关司法解释，投资人如果选择对赌协议条款作为其交易条件，应当持谨慎态度。作为司法机关，在纠纷发生时，应当引导谨慎投资。要抑制过分投资，防止金融风险。同时对引资的一方也要倡导契约精神，信守承诺，不要借此圈钱。引导投资人，使 PE 回归 VAM 的本原谨慎投资，使融资者诚实守信，是法官在判决类似案件时的基本考量点。

法律的生命既在于逻辑，亦在于经验。经验和逻辑有时又会相互融合演进。在探究事实真相、寻求纠纷双方利益平衡、实现公平正义的过程中，法商的结合才能助力企业腾飞。

四、 防范对赌协议法律风险的建议

当今企业发展离不开资本的助力，对赌协议成为创业者与投资人之间合作的基础。对创业者来说，看似平常的对赌协议，却是整个企业资本运作中最具风险的一环。对簿公堂的案件，多数是因为公司大股东无钱支付赔偿或回购而造成。为更好地发挥对赌协议的融资功能，避免发生争议，增强对赌当事人的利益预期，提出以下 6

点建议：

第一，由于目前投资人与融资企业（目标公司）之间对赌协议效力存在争议，避免被认定无效的风险，可将对赌协议条款的义务主体由融资企业转变为融资企业的控股股东或实际控制人。

第二，投资人与融资企业的股东在签订对赌协议时，需在协议中明确约定经营目标，以及经营目标无法实现时股权回购的责任支付、补偿等内容。如果对上述未进行明确的约定，将不会被认定为对赌协议，而是普通的股权转让协议。

第三，避免产生对赌条款（包括条款清单、补充协议中的特别条款）在法律效力上处于未生效、效力待定甚至无效状态。因此，起草和使用要严格依据《合同法》《公司法》等法律的规定。

第四，投资人可以采取分期投资的方式，根据对赌结果决定是否再次投资。借鉴美国创业投资实务中克服估值困难的标准做法——分期融资，对融资企业（目标公司）进行分期投资，根据经营状况决定是否再次投资，这样可以有效避免因对赌发生争议的概率。

第五，对赌条款正成为我国 IPO 审核过程中的高压线，证券监管部门对于对赌条款是持否定态度的，对赌条款在上会前必须终止执行，具体包括以下 5 类对赌条款：上市时间对赌条款、股权对赌条款、业绩对赌条款、董事会一票否决权安排、企业清算优先受偿协议等。

第六，除上述司法实践外，涉及股权变动的对赌条款在实际履行中，也存在实务方面的困难，主要是市场监督管理部门和税务部门对此类协议的性质还存在模糊认识。

对赌条款不仅要求创业者对自己企业的未来有足够的信心，还要有准确的判断。在签订对赌协议时，一定要经过深思熟虑，不能为了发展而发展，贪大求全，不管什么条件先把钱拿过来，这反而会给融资企业（项目公司）的未来埋下一颗定时炸弹。

红杉资本中国基金创始人沈南鹏曾说："国内新创业企业有接受投资过度的现象，创业者此时应该心态放缓，以冷静平和的状态对待自己的事业和投资市场，不恰当接受投资反而会引火烧身。"而真格基金创始人王强则更加直接："我呼吁：一个创业者，尤其是起步时期的创业者，千万不要签署对赌协议。除非，你不热爱你所创立的事业。对赌就是泡沫，就意味着你眼下已有的资源无法达到的目标，而你将被迫必须达到。这是如此的惨烈。"

创业有风险，对赌需谨慎！

案例：小马奔腾对赌条款引发的案中案

一、小马奔腾，名副其实

1994 年，小马奔腾创始人 LM 开始创业，成立了北京雷明顿广告发展中心（以下简称雷明顿广告）。在成立两年之后的 1996 年，雷明顿广告获得了央视《新闻 30 分》栏目的独家广告代理权。此后，雷明顿广告在央视的广告代理业务不断扩展，除《新闻 30 分》，雷明顿广告还曾代理《新闻会客厅》《夕阳红》等节目广告。期间，LM开始试水影视制作，在2004年出品了第一部电视剧《历史的天空》，获得了极大成功。

小马奔腾全名为北京小马奔腾文化传媒股份有限公司，历史名称为北京新雷明顿广告有限公司（以下简称新雷明顿广告），成立于2007年8月6日，是仅有LP一人的有限责任公司，但雷明顿广告代理的央视广告授权新雷明顿广告经营。

2008年3月1日，新雷明顿广告成立不到一年，就进行了A轮融资，由投资方霸菱亚洲投资4000万美元。随后，新雷明顿广告迎来大发展，先后投资出品了《无人区》《新三国》《将爱情进行到底》等多部有影响力的影视剧，也引来了众多机构的追捧。

2011年3月21日，新雷明顿广告又进行了A+轮融资，建银国际影视出版文化产业投资基金（以下简称建银文化）领投，开信创投、信中利、清科、汉理前景基金等其他多家风投跟进，7.5亿元人民币的规模仅占新雷明顿广告25%的股份。其中，建银文化投资4.5亿元，占新雷明顿广告总股本15.05%，据此推算，新雷明顿广告当时的估值超过30亿元人民币。

新雷明顿广告在引入建银文化充当领投的投资人时，除签订了投融资协议之外，还签订了一份《投资补充协议》，这是一份带有对赌条款内容的补充协议。该补充协议约定，若新雷明顿广告未能在2013年12月31日之前实现合格IPO，则建银文化有权要求新雷明顿广告、实际控制人或LP、LL、LM中的任何一方一次性收购所持新雷明顿广告的股权。同时，还要另付10%的年复利息。现在看来，这份《投资补充协议》对小马奔腾和它的创始团队来说，影响几乎是致命的。

2011年12月2日，在获得7.5亿元投资后，北京新雷明顿广告有限公司更名为北京小马奔腾文化传媒股份有限公司。

二、祸起对赌，小马奔腾易主

2012年12月28日，中国证监会发布《关于做好首次公开发行股票公司2012年度财务报告专项检查工作的通知》，对首次公开发行股票公司的财务会计开展专项检查工作，明确要求保荐机构、会计师事务所在2013年3月31日之前将自查工作报告报送中国证监会。

2013年，中国证监会开展了IPO的自查与核查工作，IPO工作一度暂停，直到2014年1月才告重启。

2014年1月2日，社会大环境导致小马奔腾IPO受阻，更为不幸的是小马奔腾创始人LM因心肌梗死意外身故。屋漏偏逢连阴雨，时间已过了《投资补充协议》中约定的2013年12月31日的上市最后期限。

2014年1月27日，小马奔腾法定代表人由创始人LM变更为JY（LM的妻子）。JY在非常时期当选小马奔腾董事长、总经理和法定代表人，此时才知晓对赌协议的存在。

2014年11月3日，由于家庭内部的姑嫂矛盾，JY被董事会罢免，小马奔腾法定代表人由 JY 变更为 LL（LM 的姐姐）。

2014 年 10 月 31 日，建银文化向中国国际经济贸易委员会申请仲裁，以 LP、LL 以及 LM 财产继承人 JY、LM 父母和女儿为被申请人，请求裁决 LP、LL 以及 LM 财产继承人 JY 履行回购义务，向其连带支付 6.35 亿元，包括 4.5 亿元的投资款及其产生的利息。

2016 年 2 月 23 日，中国国际经济贸易委员会认为对赌协议有效，裁决要求 LP、LL 连带性一次性支付股权回购款 6.35 亿元。但因 JY 与 LM 的夫妻关系而承担 LM 应负的股权回购义务不属于仲裁管辖范围，未被采纳，但裁决 JY、LM 父母和女儿在继承遗产范围内承担责任。

2017 年 9 月 1 日，北京市第三中级人民法院在京东司法拍卖网公开拍卖，拍品名称分别为：小马欢腾投资有限公司股权，所有人为 LP、LL，数量为 66.67%，评估价为 119480457.9 元，根据该《拍卖成交确认书》，受让人为冉腾（上海）投资咨询有限公司，成交价即为评估价；小马奔腾股权，所有人为 LP、LL，数量为 9.6%，评估价为 36471751.29 元，后流拍。

2017 年 10 月 30 日，小马欢腾投资有限公司股权 66.67% 已变更为冉腾（上海）投资咨询有限公司所有。小马欢腾投资有限公司持有小马奔腾 45.47% 的股份，为大股东。至此，冉腾（上海）投资咨询有限公司实际持有小马奔腾的股份为 30%，成为大股东和实际控制人，小马奔腾的控制权已转移至冉腾（上海）投资咨询有限公司名下。

三、对赌条款引发的夫妻共同债务案，让美好生活陷入困境

2016 年 10 月，建银文化以 JY 为被告，向北京市第一中级人民法院提起诉讼，要求 JY 对股权回购款、律师费及仲裁费等，在 2 亿元范围内承担连带清偿责任。

丈夫离世后，生活状况急转直下。面对突然袭来的一连串的诉讼、仲裁纠纷，JY 十分愤慨：自己既不是小马奔腾的股东，亦没有参与公司的经营，仅仅在丈夫 LM 去世后担任了几个月的董事长，对对赌协议条款既不知情，亦未签字，为什么是夫妻共同债务？

2017 年 9 月，北京市第一中级人民法院做出判决：支持建银文化的诉讼请求，此债务为夫妻共同债务，判令 JY 承担 2 亿元范围内的连带清偿责任。其法律依据是《最高人民法院关于适用〈中华人民共和国婚姻法〉司法解释二》第二十四条的规定："债权人就婚姻关系存续期间夫妻一方以个人名义所负债务主张权利的，应当按夫妻共同债务处理。"

根据新浪微博实名认证的"正在发生金验"的微博文章，JY 就此案已经上诉到北京市高级人民法院，上诉费达百万元。

2018 年 1 月 16 日最高人民法院印发了《关于审理涉及夫妻债务纠纷案件适用法律有关问题的解释》（法释〔2018〕2 号），全文内容如下："为正确审理涉及夫妻债务纠纷案件，平等保护各方当事人合法权益，根据《中华人民共和国民法总则》《中华人民共和国婚姻法》《中华人民共和国合同法》《中华人民共和国民事诉讼法》等

法律规定，制定本解释。第一条 夫妻双方共同签字或者夫妻一方事后追认等共同意思表示所负的债务，应当认定为夫妻共同债务。第二条 夫妻一方在婚姻关系存续期间以个人名义为家庭日常生活需要所负的债务，债权人以属于夫妻共同债务为由主张权利的，人民法院应予支持。第三条 夫妻一方在婚姻关系存续期间以个人名义超出家庭日常生活需要所负的债务，债权人以属于夫妻共同债务为由主张权利的，人民法院不予支持，但债权人能够证明该债务用于夫妻共同生活、共同生产经营或者基于夫妻双方共同意思表示的除外。第四条 本解释自2018年1月18日起施行。本解释施行后，最高人民法院此前做出的相关司法解释与本解释相抵触的，以本解释为准。”对JY来说，这一司法解释或许是反转的有力武器。

小结

通过小马奔腾的案例，可以看出来创业者是感性的，一点一滴把企业发展壮大，充满了最纯粹的热爱；但投资人是理性的，不管你是干什么的，将来有什么贡献，投资人总是要退场的，这不能怪投资人冷血或人品低。在投资人眼里，企业即是商品，盈利是根本，无论天使投资、风险投资还是培育资金、成长资金都是如此。

本案反映出一些创业者在与资本打交道时对游戏规则存在认知的不足。融资企业在引入投资前，企业的风险还能被企业家控制在一个平稳的范围内，一旦引入投资后，企业家为了不输掉对赌就可能盲目加快发展速度，偏离了原本能够持续盈利的轨道，最终全盘皆输。可以说，对赌协议条款一边是成功的殿堂，另一边却是创业者的坟墓。当你踏上资本的这条路后，注定就要两者选其一。

对赌协议双方应该能够充分尊重契约精神，事前慎重，事后愿赌服输。小马奔腾估值低了，对于小马奔腾来说是重大损失，对于建银文化何尝不是一种重大损失。诚如周鸿祎所说，“对赌往往带来的是双输的局面。”

当然，小马奔腾除了对赌条款的原因之外，还缺乏家庭与企业经营风险的隔离，对企业经营风险认识不足，没有将企业与家庭资产、债务进行分割。同时，还存在股权架构布局的问题，未能有效规范股权代持，消除代持关系，导致JY向北京市朝阳区人民法院提起与LL、LP之间股东资格确认的诉讼，造成了姑嫂反目为仇、股东权利争斗的内斗纠纷。

前车之鉴，教训惨痛，唯愿小马奔腾事件不再发生。请时刻牢记：

投资有风险，对赌须谨慎！

创业要长远，必走法商路！

第六堂课　股权投资

第一节　我国进入股权投资的黄金时代

改革是经济社会发展的强大动力。自 1978 年党的十一届三中全会开启改革进程以来，弹指一挥间，我国的改革事业已经走过了 40 年的光辉岁月，取得了重大的成就，这主要得益于国家的改革开放。习近平总书记指出："改革开放是当代中国发展进步的活力之源，是我们党和人民大踏步赶上时代前进步伐的重要法宝，是坚持和发展中国特色社会主义的必由之路。"当然，我国经济社会的快速发展，除了改革开放的政治因素外，还得益于社会主义市场经济体制和资本市场，尤其是人口红利和土地红利等因素。据中国社科院人口与劳动经济研究所统计，劳动力对我国经济增长的贡献率在 26.8%，也就是说，仅人口红利一项对经济增长的贡献率就达 1/4 强。1993 年 11 月，党的十四届三中全会通过的《中共中央关于建立社会主义市场经济体制若干问题的决定》中第一次提出资本市场和劳动力市场，无疑为我国的改革提供了强有力的政策支持和坚实后盾。

自党的十八大以来，我国的改革进入了新的阶段即全面深化改革阶段，中国经济整体的发展从高速增长时期进入到高质量增长的阶段。全球经济增长仍然面临包括贸易政策改变、局部冲突和战争、地缘政治等“黑天鹅”事件的威胁，同时，也存在银行业债务危机、房地产泡沫破灭、贫富差距扩大等“灰犀牛”隐患，全球经济还面临较长期的挑战。与此同时，我国经济发展的土地红利和人口红利正在减弱，甚至于消失，那么，资本市场必将成为我国未来经济发展的动力源泉之一，而资本市场是股权投资的主要和首选的退出渠道。

一、 我国股权投资的发展历史

现代股权投资起源于创业投资，起步于20世纪40年代，兴起于20世纪六七十年代。从发展历程看，我国股权投资至今经历了3个阶段：

1. 探索与起步阶段（1985—2004年）

1985年3月13日，中共中央发布的《中共中央关于科学技术体制改革的决定》（中发〔1985〕6号）中指出，“对于变化迅速、风险较大的高技术开发工作，可以设立创业投资给以支持。”随后，根据中央文件精神，1985年9月经国务院批准，原国家科委出资10亿元人民币成立了中国新技术创业投资公司。这是我国境内第一家创业投资公司，它对发展我国股权投资具有里程碑的意义。在各方推动下，我国股权投资市场开始进入到起步发展阶段。截至 2005 年年底，我国境内股权投资机构约 500 家，一批本土股权投资机构崭露头角。

2. 快速发展阶段（2005—2012 年）

2005 年 11 月，国家发展改革委员会等十部委联合颁发了《创业投资企业管理暂行办法》。2006 年我国《公司法》和《证券法》进行了修改，进一步从法律上明确了股权投资公司的权利与义务。2007 年 6 月新修订的《合伙企业法》生效，首次明确了有限合伙制的法律定位，为股权投资从法律层面解决了双重税收问题。2011 年，国家发展改革委员会先后颁布了《关于进一步规范试点地区股权投资企业发展和备案管理工作的通知》（发改办财金〔2011〕253 号）和《关于促进股权投资企业规范发展的通知》（发改办财金〔2011〕2864 号），变自愿备案为强制备案，强化股权投资监管，各地促进及规范股权投资发展的工作稳进开展，管理日渐严格。

3. 统一监管下的调整与规范化发展阶段（2013 年至今）

2013 年 6 月 27 日，中央编办发布了《关于私募股权投资基金监管职责分工的通知》。自此，明确私募股权投资行业的主管部门由国家发展改革委员会变为两个——中国证券监督管理委员会和国家发展改革委员会，二者在职责上进行了分工。2014 年 6 月中国证监会颁布实施了《私募投资基金监督管理暂行办法》，要求股权基金向基金业协会统一申请备案登记，标志着股权投资正式成为金融领域一个新的投资行为，并作为一种私募基金纳入到证监会监管，从而明确了股权投资的行业地位。需要说明的是，在我国，股权投资只能以非公开方式募集即私募。我国股权投资市场运作流程是实现资本增值的全过程，其生命周期为4个阶段，即我们常说的“募（集）、投（资）、管（理）、退（出）”。我国股权投资市场的相关法规政策正逐步建立和完善，行业呈现快速发展的态势。

二、国家资本战略层面支持股权融资

发展多层次资本市场在国务院《政府工作报告》、中央经济工作会议、第五次全国金融工作会议和党的十九大报告中均有明确提出，在此作以梳理，以便能够全面了解和掌握。

2013年3月5日，国务院总理温家宝在十二届全国人大一次会议上作《政府工作报告》，指出“加快发展多层次资本市场，稳步推进利率、汇率市场化改革，扩大人民币跨境使用，逐步实现人民币资本项目可兑换。”这是国务院《政府工作报告》中第一次提出了“加快发展多层次资本市场”。自此，每年的国务院《政府工作报告》均提出了“多层次资本市场”的国家资本战略原则。

2016年3月17日，《中华人民共和国国民经济和社会发展第十三个五年规划纲要》正式出台，提出“发展多层次股权融资市场，深化创业板、新三板改革，规范发展区域性股权市场，建立健全转板机制和退出机制。”

2017年7月14—15日，全国金融工作会议在北京召开，会议强调“金融是国家重要的核心竞争力”“积极有序发展股权融资”等。

2017 年 10 月 18 日，党的十九大报告中提出“深化金融体制改革，增强金融服务实体经济能力，提高直接融资比重，促进多层次资本市场健康发展。”

2018 年 3 月 5 日，国务院总理李克强在第十三届全国人民代表大会第一次会议作《政府工作报告》，指出“稳健的货币政策保持中性，要松紧适度。管好货币供给总闸门，保持广义货币 M2、信贷和社会融资规模合理增长，维护流动性合理稳定，提高直接融资特别是股权融资比重。”这次《政府工作报告》特别提出了“提高直接融资特别是股权融资比重。”

从上述一系列的文件和国家政策中，我们可以解读出：未来，我们国家的战略重点之一就是金融，就是积极地有序发展股权融资，健康发展多层次的资本市场。因此，我们没有理由不去抓住这样的历史发展机遇。

三、 土地红利和人口红利褪去

2014 年 9 月，李克强总理在达沃斯论坛上发出“大众创业、万众创新”的“双创”号召。2015 年 3 月 5 日，李克强总理在十二届全国人大三次会议上作《政府工作报告》，指出“推动大众创业、万众创新。这既可以扩大就业、增加居民收入，又有利于促进社会纵向流动和公平正义。”将“大众创业、万众创新”上升到国家经济发展新引擎的战略高度，“双创”正式进入我国战略层面。

2016 年 12 月 14—16 日，中央经济工作会议在北京召开。会议上，以习近平同志为核心的党中央指出，要坚持“房子是用来住的、不是用来炒的”的定位。2017 年 10 月 18 日，习近平总书记在党的十九大报告中再次强调：“坚持房子是用来住的、不是用来炒的定位。”这是国家最高领导人对房屋功能的一锤定音。同时，党的十九大报告中要求“加快建立多主体供给、多渠道保障、租购并举的住房制度”。2018 年 3 月，全国“两会”期间，住建部部长王蒙徽接受记者采访表示，我国将加快住房制度改革和房地产长效机制建设，坚持调控目标不动摇，力度不放松，保持政策的连续性、稳定性，特别是进一步夯实地方政府的主体责任；加快建立包括大力发展住房租赁市场；发展共有产权住房；继续加快棚户区改造和公租房建设，特别是把外来务工人口、城市无房户等群体纳入公租房保障体系等多主体供给、多渠道保障、租购并举的制度。2018 年受打击投机炒作不放松及限购、限贷、限价三管齐下等政策影响，商品房销售增速继续下行，房企流动性趋紧。因此，房地产投资增长空间不大，土地红利已褪去。

我国人口红利消失引发大讨论是在 2010 年，在 2010 年 1—6 月期间，富士康员工连续发生 12 起员工跳楼事件。该事件后，深圳各大工厂纷纷给工人涨薪，而且是每年都得加，否则招不到人。后来，工厂从沿海发达城市搬迁至内地城市以及东南亚，被认为成为一种潮流和趋势了。所谓人口红利，是指一个国家的劳动年龄人口占总人口比重较大，抚养率比较低，为经济发展创造了有利的人口条件，整个国家的经济呈现高储蓄、高投资和高增长的局面。人口红利的消失不仅仅表现在劳动力的数量上，由于劳动力短缺，工资提高太快，超过了劳动生产率的提高速度，进而造成了单位劳动成本的上升，这是造成企业成本上升最重要的因素。

2018年2月28日，国家统计局公布了《中华人民共和国2017年国民经济和社会发展统计公报》。根据该公报，我们发现我国人口有两大特点：一是出生人数减少。2017年是我国全面两孩政策实施的第二年。根据此前有关方面的预判，全面两孩政策的效果具有滞后性，应该在2017年之后逐步显现，因此，2017年出生人口数量会明显高于2016年。但是，从国家统计局公布的数据来看，2017年出生人口1723万人，比2016年的1786万人减少了63万人。人口出生率也同样出现了下降，2017年全国人口出生率为12.43‰，2016年这一数据为12.95‰。二是老龄化加速。2017年，全国人口中60周岁及以上人口24090万人，占总人口的17.3%，其中65周岁及以上人口15831万人，占总人口的11.4%。60周岁以上人口和65周岁以上人口都比上年增加了0.6个百分点。按照世界卫生组织的标准，如果一国60岁及以上人口占总人口的比例超过10%或者65岁及以上人口占总人口的比例超过7%，那么标志着该国进入老年化社会。按照上述标准，我们再对照统计公报公布的“60周岁及以上人口24090万人，占总人口的17.3%”，就会发现我国已进入老年化社会。

随着“大众创业、万众创新”国家战略的推进，土地红利和人口红利的褪去，经济转型与多层次资本市场正在提升股权投资的吸引力。过去10年，无论是在国家政策还是在居民资产配置走势上，与房地产相关的行业都实现了大的财富增长，而在今天，股权是直接进入企业的，通过实体经济发展，随着时间推移，企业会给投资人带来确定性的高回报，且投资时间越长，投资人获得收益的倍数或确定性越高，可以享受到最大的发展红利，这是股权投资的特点。

四、股权投资市场迎来难得发展机遇

目前，股权投资成为政府资金支持创新创业的主要方式之一，市场化程度将更高。“市场化运作，政府引导”将成为创投引导基金运作的基本原则。

投资者都想获取非凡的收益，通俗一点说，就是暴利！暴利的事，除了军火、毒品，就是股权了。前两个事是涉及违法和犯罪的，一般人不会以身试法，而股权投资则是人人可参与！

股权投资最重要的是安全性、收益性、流动性。注重市场风险、监管风险、投资风险和道德风险。市场风险和监管风险是不可控的，但经过几十年的发展，私募股权行业迎来了崭新快速的规范发展阶段。截至2017年年底，私募股权基金超过了10万亿元，直接支持实体经济的股权基金达到了6.8万亿元。这6.8万亿元是支持中国实体经济、促进中国产业转型的最直接、最有效率的一支力量。从中央到各地政府，都在支持资金脱虚向实，从虚拟经济进入实体经济，鼓励、支持股权向实体经济进行投融资，健康发展资本多层次资本市场。

当上一轮改革开放的红利释放殆尽，一个崭新的时代即将到来。随着政府层面的推动，法律法规的完善，以及机构化趋势的出现，股权投资市场发展空间巨大。在金融领域，股权投资的盈利能力极强，能够给投资人提供较为可观的回报。股权投资是一个引领世界的创富神话，关键看能否抓住机遇，很多人输就输在对于新兴事物的态度和行动上——第一看不见，第二看不起，第三看不懂，第四来不及。

最近，市场不断有报道监管层会重点扶持高端制造、云计算、人工智能、生物科技四大高科技行业的“独角兽”企业在国内上市，财务自由的风口由房地产转到股权投资。随着未来中国“独角兽”企业的不断涌现和发展壮大，以及政府监管层对于鼓励“独角兽”企业在国内上市的重大政策变化，预示着未来股权投资的风口会越来越大，中国已经进入股权投资的黄金时代。

第二节　影响股权投资决策的财务指标

根据中国证券投资基金业协会的数据，截至 2018 年 4 月底，股权创投私募规模为 7.04 万亿元，而存续的 5 万亿元政府引导基金将继续放大一级市场的资金规模。不难看出，各路资本纷纷加码，抢夺股权投资的蛋糕。国内外学者对财务指标的有用性也给予了较多关注，股权投资决策是投资企业管理的重要内容之一，它投资金额大，影响持续时间长，回收慢，风险多。

我们知道，并非只有上市公司才有市值，非上市公司同样也具有市值。股权投资看重的就是公司未来的市值。作为股权投资的资本，其本质是逐利的。作为投资人的资本方，必须要牢牢把握这一本质，在选择投资项目时，必须对项目的天时（产业前景）、地利（市场定位）、人和（团队素质）详细了解、牢牢把握。除此之外，在进行股权投资决策时，还应当对投资项目的财务指标进行详细的了解。那么，影响股权投资决策的财务指标有哪些呢？主要是以下4个。

一、净现值

净现值（Net Present Value，NPV）是指投资方案所产生的现金净流量以资金成本为贴现率折现之后与原始投资额现值的差额。换作财务管理学的含义就是：投资项目投入使用后的净现金流量，按资本成本或企业要求达到的报酬率折算为现值，减去初始投资以后的余额，叫净现值。换句通俗的说法就是：投资项目能不能赚钱？

净现值指标考虑了投资项目资金流量的时间价值，较合理地反映了投资项目的真正的经济价值，是一个比较好的投资决策指标。那么如何来判断能不能投，能不能赚钱呢？这里我们要知悉净现值的计算方法，公式为

$$NPV = \sum_{i=0}^{n} (CI - CO)_t (1 + i)^{-t}$$

式中，CI 是现金流入，CO 是现金流出，（CI－CO）是第 t 年净现金

流量，i 是基准折现率。

当 NPV >0，表示项目实施后，除保证可实现预定的收益率外，尚可获得更高的收益；当 NPV <0，表示项目实施后，未能达到预定的收益率水平，而不能确定项目已亏损；当 NPV =0，表示项目实施后的投资收益率正好达到预期，而不是投资项目盈亏平衡。因此，只有当 NPV >0 时才可以进行投资。

使用净现值法要注意以下 4 个方面的问题：①折现率的确定。净现值法虽考虑了资金的时间价值，但没有揭示方案本身可以达到的具体报酬率是多少。基准折现率的确定直接影响项目的选择。②用净现值法评价一个项目多个投资机会，虽反映了投资效果，但只适用于年限相等的互斥方案的评价。③净现值法是假定前后各期净现金流量均按最低报酬率（基准报酬率）取得的。④若投资项目存在不同阶段有不同风险，那么最好分阶段采用不同折现率进行折现。

二、内部回报率

内部回报率（Internal Rate of Return，IRR），又称内部收益率，是指项目投资实际可望达到的收益率。内部收益率建立在贴现现金流量基础上，衡量考虑货币时间价值后投资项目得到的收益率。一般情况下，内部收益率就是使得一个项目的净现值等于零的那个现值贴现率，根据公司自由现金流量和项目总投资来计算。实质上，它是能使项目的净现值等于零时的折现率。换句通俗的话说就是：能赚多少钱。那么如何来判断投资项目赚多少钱呢？公式为

$$到期价值 = (1+IRR)^{期数}$$

一般情况下，当内部收益率大于等于基准收益率时，该项目是可行的。投资项目各年现金流量的折现值之和为项目的净现值，净现值为零时的折现率就是项目的内部收益率。内部收益率越高，说明你投入的成本相对地少，但获得的收益却相对地多。内部收益率表现的是比率，不是绝对值，一个内部收益率较低的方案，可能由于其规模较大而有较大的净现值，因而更值得建设。所以在各个方案选比时，必须将内部收益率与净现值结合起来考虑。

净现值是一个价值型指标，其经济含义是投资项目在整个寿命期内获得的超过最低期望收益水平的超额净收益现值总和。净现值的含义较为明确，也易于理解，净现值 NPV 是基准折现率 i_0的函数，并且随着 i_0的增大而减小。

内部收益率 IRR 是一个效率型指标，其经济含义的表述方式较多，常见的表述是投资项目寿命期内尚未收回投资余额的盈利率，它反映了投资额的回收能力。内部收益率与基准折现率 i_0 的大小无关。

当采用上述两个指标对投资方案进行评价时，它们的评价结论均受基准折现率 i_0大小的影响，其中内部收益率 IRR 方法是以基准折现率 i_0为判别标准的。净现值指标 NPV 是假设投资项目各年（各期）净现金流量（投资净收益）均按基准折现率 i_0再投资，而内部收益率则假设投资项目各年（各期）净现金流量（投资净收益）均按内部收益率再投资，将 IRR 的定义式进行简单的变换即可。

内部收益率与净现值是两个相互竞争的投资决策方法，但是它们常会产生相似的结论。一般情况下，净现值和内部收益率指标对投资方案的采纳与否的结论是一致的，即当投资方案的 NPV ≥0 时，IRR $\geq i_0$。

一次投入到期付息还本把 IRR 看作复利计算，即：到期价值 =（1 + 利率） × 期数。如果是分批投入或者分批次赎回，就要计算 IRR，而不是简单的复利计算。例如，2015—2018 年，每年年初投入 10 万元，到 2019 年年初赎回 50 万元。投资本金为 40 万元，那么 IRR 是多少呢？$10\times(1+\mathrm{IRR})^4+10\times(1+\mathrm{IRR})^3+10\times(1+\mathrm{IRR})^2+10\times(1+\mathrm{IRR})=50$，也就是 2015 年的 10 万元涨 4 年利息，2016 年的 10 万元涨 3 年利息，2017 年的 10 万元涨 2 年利息，2018 年的 10 万元涨 1 年利息。这样计算出 IRR 等于 9%。从我国私募基金完整的投资期来考量，最牛私募基金的 IRR 不过为 20% 略多，IRR 达到 10% 以上的私募基金也很少，剩余大多数私募基金的表现都很一般。

三、投资回收期

投资回收期（Payback Period）也称投资回收年限，即投资项目投产后获得的收益总额达到该投资项目投入的投资总额所需要的时间（年限）。投资者比如金融机构不能再用做债权投资的思维做股权投资，从债权投资向股权投资转型，就要从看现在转向看未来，将对投资企业的关注点从规模大转向未来成长好，从现金流好转向商业模式清晰，从追求固定收益回报转向追求浮动收益，同时还要看投资回收期。

计算投资回收期的方法有多种。按回收投资的起点时间不同，有从项目投产之日起计算和从投资开始使用之日起计算；按回收投资的主体不同，有社会投资回收期和企业投资回收期；按回收投资的收入构成不同，有盈利回收投资期和收益投资回收期。换句通俗的话就是：什么时候开始赚钱。那如何来判断什么时候开始赚钱？

投资回收期的计算公式有两种情形：①如果投资项目每年的现金净流量相等，则投资回收期 = 原始投资额/年净现金流量。②如果投资项目每年的现金净流量不相等，设投资回收期大于等于 n，且小于 $n+1$，则投资回收期 = n + 至第 n 期尚未回收的额度/第（$n+1$）期的现金净流量。

四、 生命周期

生命周期（Life Cycle）是股权投资决策财务指标的一种非常有用的工具。标准的生命周期分析认为企业经历发展、成长、成熟、衰退 4 个阶段。然而，各个企业的真实情况不尽相同且微妙得多，给投资者提供了更多的了解机会，以更好地对未来可能发生的投资风险和危机进行规避。一般情况下，有两种看待生命周期的观点：一种是传统的、相当机械地看待市场发展的观点即产品生命周期或者说行业生命周期；另外一种是富有挑战性的观点即需求生命周期，观察用户需求是怎样随着时间演变而由不同的产品和技术来满足的。

后者换句通俗的话说就是：投资的项目能赚多久的钱。

美国著名管理学家伊查克·爱迪思对企业的4个阶段进行了细化和延伸，他于1997年10月写的《企业生命周期》一书把企业生命周期分为10个阶段，即：孕育期、婴儿期、学步期、青春期、壮年期、稳定期、贵族期、后贵族期、官僚期、死亡期（见图6-1）。在该书中，不但概括了企业生命不同阶段的特征，还提出了相应的对策，剖析了企业生命周期的基本规律，提示了企业生存过程中基本发展与制约的关系。企业发展的不同阶段、不同规模必须要有不同的管理，这是爱迪思强调的企业生命周期的一条基本规律。

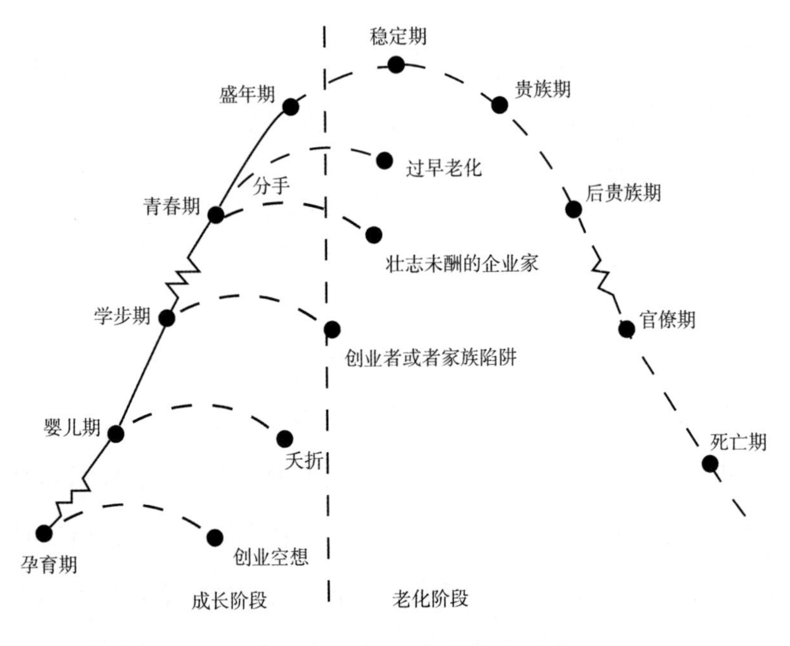

图6-1　企业生命周期的10个阶段

我们知道，资金必须投入社会生产周转才会有时间价值。比如，你一直死攥着 1 万元钱，就一直攥在手里，一年后，还只是 1 万元钱，没人会给你 1 万元的增值收入。只有当你将货币投入生产或是借给别人再投入生产，由生产过程实现价值转移和价值创造，才能带来价值增值。

综上所述，在这 4 种财务指标“秘籍”的帮助下，作为股权投资人就可以更好地发现企业未来的成长价值，以及未来可能会产生的现金流，并通过贴现的方式计算出现在对应的价值，从而指导我们当下如何进行有效的股权投资，获取丰厚的收益。

第三节　股权投资的裂变

18 世纪，农业时代被工业时代机器的轰鸣突然惊醒，开始了狂暴的裂变。而从工业文明的母体中裂变而出的信息时代，以难以想象的速度成长着，尤其是当移动互联网时代发出第一声啼哭的时候，我们震惊了。诚如狄更斯所言，“这是一个最好的时代，也是一个最坏的时代”。在发生深刻而又迅速变革的今天，科技的发展不断颠覆传统的商业模式，股权投资或许就是那个颠覆传统商业模式助推者。股权投资与中国经济社会的发展脉动息息相关，股权投资与全球一体化的进程丝丝相扣。因此，股权投资在当下以及未来既是个黄金时代又是个裂变时代。

一、 股权投资裂变的概况

何为裂变？裂变一词来源于物理学，只有一些质量非常大的原子核如铀、钍和钚等才能发生核裂变。这些原子的原子核在吸收一个中子以后会分裂成 2 个或更多质量较小的原子核，同时放出 2～3 个中子和很大的能量，又能使别的原子核接着发生核裂变，使过程持续进行下去，这种过程称作链式反应。而股权投资所产生的链式效应，就像是物理学上的核裂变，因此，人们把股权投资所产生的链式效应称为股权投资的裂变。

先看个鲜活的例子：小米公司其实是一家典型的股权投资资本思维成长起来的企业。首先，小米公司找到合作方、投资方，告诉他们，小米公司将用全新的方式做手机，然后大家一起来做，并给大家分一部分的股权。小米公司在还没有开工之前就拿到了投资，并且组建了一个分工型、协作化的团队。然后，小米公司告诉消费者我要做一款什么样的手机：配置是什么，价格是多少。找到了自己的消费者，拿到了订单，这时，小米公司再去找工厂做代加工，然后以手机为渠道，不断做深、往外延展。小米公司用的就是轻资产、精定位、做纵深、高增长股权投资的资本思维方式，产生链式效益，产生股权投资的裂变。你会发现，小米公司的背后形成了一条生态链，价值巨大，却又不需要工厂和设备，仅用 5 年时间，竟然可以成为中国第四大互联网公司，价值 450 亿美元！股权投资资本思维背后的杠杆作用以及股权裂变的力量是巨大的！

假如小米公司按照传统的债权投资模式去运作，那么过程是这样的：首先，小米公司需要一笔启动资金，先用于手机市场的调研和产品研发，这个过程需要至少半年。然后准备一大笔费用去购买设备、建设厂房，接下来开工生产。当产品生产出来之后，再去找渠道商，还得去砸钱做广告，努力卖给消费者。这时如果资金不够了，就要去银行贷款，进行债权投资，进行扩大生产。而传统企业之所以难以为继，症结就在这种运作思路上，最后资不抵债或者利润率赶不上银行的贷款利息！这时企业与金融机构之间是债权型关系，而在资本经济时代，企业与金融机构是股权型关系。

金融机构把钱借给企业谋发展的债权投资模式，当企业经营处于上行期时，银行会锦上添花，主动甚至过度地放贷给企业。而一旦企业经营进入下行期，银行就可能釜底抽薪，而不会雪中送炭，这使下行的企业经营雪上加霜，这就是中国债权投资的巨大风险。而股权投资，金融机构将钱投给企业，占有企业股份。当企业经营遭遇困难的时候，金融机构能够风雨同舟；当企业高速成长的时候，金融机构获利退出。因此，股权投资能起到调节经济增速、使经济可持续发展的作用。

人类有史以来，所有的进步都来自改革和创新。2018 年 3 月 13 日，国务院向全国人民代表大会提请审议根据中国共产党十九届三中全会审议通过的《深化党和国家机构改革方案》形成的《国务院机构改革方案》。其中，对于金融监管体制改革，将银监会、保监会的职责整合，组建中国银行保险监督管理委员会，作为国务院直属事业单位。将银监会和保监会拟定银行业、保险业重要法律法规草案和审慎监管基本制度的职责划入中国人民银行。不再保留银监会和保监会。

我国这次将银监会和保监会的职责整合的改革，其实就是一种创新，促进生产力进步，从而优化生产关系，为金融机构在未来进行股权投资提供规范的监管和服务。未来人人都有自己的股权，由股权投资以及配置产生驱动，无数个驱动力组成了社会前进的动力，这种力量在国家的宏观调控之下，必将打破传统经济，构建新的商业文明体系。未来一定是股权投资的时代，亦是股权裂变的时代。

二、股权投资裂变的原因

互联网、大数据、人工智能、区块链等，在这个瞬息万变的时代，新鲜事物不断涌现，思维方式更迭换代，充满了巨大的不确定性。那么股权投资为什么会裂变呢？其主要原因有以下四个。

1. 股东裂变

股权融资所获得的资金，企业无须还本付息，但新股东将与老股东同样分享企业的盈利与增长。股权投资作为新股东与普通公司的股东相比，能更准确地知道企业的优势和潜在的问题，向企业提供一系列管理支持和顾问服务，最大限度地使企业增值并分享收益。这样，股权投资的制度安排比较有效地解决了公司委托或代理问题，这是股权投资得以快速发展的原因。

2. 专业裂变

股权投资的基金管理人通常由对特定行业拥有相当专业知识和

经验的产业界和金融界的精英组成，对复杂的、不确定性的经营环境具有较强的计算能力和认识能力，能用敏锐的眼光洞察投资项目的风险概率分布，对投资项目前期的调研和投资项目后期的管理具有较强的信息搜寻、处理、加工和分析能力，能最大限度地减少信息不对称，防范逆向选择。

3. 投资方式裂变

股权投资的基金往往采取的是集合投资方式，通过对不同阶段的项目、不同产业项目的投资，进行风险分散。因此，投资者通过股权投资机构进行投资，不但能够享受投资收益，而且能够分散投资风险，进而获得投资价值增值和裂变，这也是把储蓄转化为投资的有利方式之一。

4. 价值裂变

股权投资的企业成为优质企业成长，一旦 IPO 上市，就会迅速发生企业价值的裂变。比如，2018 年 7 月 9 日，小米公司正式在香港主板上市。以开盘价计算，市值达到 473.26 亿美元，8 年前跟随小米的 VE、PE 机构得到的回报令人羡慕，各轮投资者都迎来大丰收，其中 A 轮投资者的回报倍数更是高达 200 多倍，雷军在中国富豪榜的排名也从第 12 位提升至第 9 位。

股权投资的裂变，需要时间来沉淀。选择了，就应该相信自己的选择，摈弃一夜暴富的心态，摈弃一切投机取巧，坚信成长型投资的理念，在移动互联网、大数据、云计算、人工智能、自动驾驶技术、传感技术、共享经济、区块链等领域捕捉自己股权投资的猎物。

案例：天使投资人王刚投资滴滴

创业是美好的，但是美好的创业，需要美好的初心，一颗服务的初心，一颗解决社会问题的初心，还需要一个合适的股权结构，面对未来的股权结构，这关系着公司的治理结构。

——王刚

一、辞别阿里来创业，敢于梦想去行动

王刚，四川攀枝花人，大三休学开始在 IT 界创业。截至 2018 年年底，担任包括北京小桔科技有限公司（俗称滴滴，E 轮及以后融资）、北京拜克洛克科技有限公司（俗称 ofo 小黄车，E 轮及以后融资）等 73 家公司的股东，以及北京嘀嘀无限科技发展有限公司、杭州龙盈互联网金融信息技术有限公司（高新企业、A + 轮融资）、杭州小卡科技有限公司（C + 轮融资）、北京盘古奇点投资管理有限公司（B 轮融资）、北京万能小哥信息技术有限公司（高新企业，Pre - A 轮融资）等 51 家公司的董事。翻开王刚的人生履历你会发现，他的投资天赋是惊人的，这些与他大三休学开始创业有关。王刚的人生信条："一个一直做加法的人生，最终很可能会得到一个除法的结果；一个常常做减法的人生，反而会得到一个乘法的结果。"做事要专注专一，王刚曾

在阿里巴巴任职超过10年，曾主管B2B北京大区、支付宝商户事业部和集团的组织发展。

2012年7月10日，程维与吴睿在北京市海淀区中关村大街11号（中关村e世界财富中心）9层980成立了北京小桔科技有限公司。

据公开资料介绍，2012年，王刚和另外3个合作伙伴想一起创业，后来由于合作伙伴都是做B2B的，并且公司股份分配不均，于是他就转换了思路，让伙伴们去做CEO，自己则直接蜕变做投资人，并愿意与伙伴们一起想主意、出钱，一起面对各种困难和压力。可以说，这是王刚一次华丽的思维转换。投资滴滴的成功，彻底改变了王刚的一生。其实，当我们驯服了自己的心，让那些为之烦躁、心绪波动的东西变得温顺时，你必将会看得更远。

既然选择了投资，那该如何选择投资项目呢？小米CEO雷军有句投资名言：不熟不投。很多投资人也说，投资就是投人。王刚和程维在阿里巴巴B2B、支付宝商户事业部期间一起共事多年，并先后离开阿里巴巴去创业。基于此，2012年10月25日，王刚投资70万元加入北京小桔科技有限公司。作为天使投资人，王刚成为北京小桔科技有限公司的股东。

什么是天使投资人？天使投资人又被称为投资天使（Business Angel），是权益资本投资的一种形式，指具有一定净财富的个人或者机构，对具有巨大发展潜力的初创企业进行早期的直接投资，属于一种自发而又分散的民间投资方式。天使投资起源于美国，后来在我国风生水起，曾经流行一句话：谁是天使投资人？“3F”（家庭family、朋友friend、傻瓜fool）。近年来，随着经济的下滑和投资的兴起，天使投资人开始不甘于做“3F”，从不注重回报到开始有强烈的投资回报意识。

王刚正是带着创业的激情、情怀和梦想，在阿里巴巴工作十多年后离职，开始了天使投资人的生涯，第一单投资选择投给了同事，完全符合熟人投资的原则。所谓创业，其实就是开办中小型企业，而中国中小型企业往往昙花一现。统计数据表明，中国中小企业的平均寿命仅2.5年。根据2017年10月31日世界银行发布的《2018年营商环境报告：改革以创造就业》，中国内地的排名仅为第78位。因此，创业所要面对的风浪比你想象得凶险太多，很多时候你以为的真的就只是“你以为”。在看清了问题的本质，进行了理性的分析后，你依然昂首阔步进入创业中，这不但是激情和勇气，更重要的是看清了创业的方向和对自己有了清醒的认识。

天道并不酬勤，这句话放在投资圈挺合适的。很多投资人一辈子都投不出滴滴这样的伟大公司，而王刚作为天使投资人，投资的第一个项目就压中了滴滴和程维。

正如王刚所言，“滴滴的成功，肯定是占尽了天时地利，移动互联网这波最大的浪潮，出行这个最大的风口，寡头支付的入口之争，Uber的全球化竞争等等关键要素。”当然，这主要还是得益于王刚和程维二人的创业梦想以及坚持不懈的行动。

二、 没有永远的敌人和朋友，只有永恒的利益

王刚投资滴滴后，由于他们都没有创业经验，仅仅做出了一个演示和勉强上线的产品，就一起去融资，要融500万美元。他们把主流VC都找遍了，但都没有结果。之后，尽管程维绞尽脑汁压缩成本，还是很快花光了钱。程维给王刚打电话请求资金上的帮助，王刚很坚定地回应："这是我们孵化的第一个项目，宁可后面不投其他公司，也会扛下去。"2012年12月1日，随着金沙江创投合伙人朱啸虎的出现，滴滴这才完成A轮融资。

A轮融资后，滴滴第一场硬仗就是要拿下北京市场。北京市场的直接竞争对手是摇摇招车。2012年3月22日，摇摇招车软件上线，这是我国第一款实现双APP全自动的叫车软件。2012年5月1日，摇摇招车即获红杉资本、真格基金350万美元的A轮融资。

可以看出，摇摇招车产品推出比滴滴早，融资比滴滴顺利，其目标是让更多的出租车司机安装上自己的软件。但滴滴采取"补贴政策"迅猛出击，抢占了除首都机场T3航站楼以外的领地。尔后，机场管理部门接到了投诉，摇摇招车的T3航站楼推广点被取消。滴滴的数据逐渐超过摇摇招车，逆袭成功，并迅速占领了北京市场。

摇摇曾经的联合创始人张涛后来对摇摇招车"死亡"背后的原因进行反思总结时说："如果当时我们向市场投入1000万元，或许今天最终站在台上的就是摇摇。""产品真的就是你能跑起来就可以

了，没坑就好。在抢市场的市场千万别犹豫，人家做的时候你没做，就被打压了。”商场如战场，商战就是如此残酷！

2013 年之后，滴滴迎来的是一串轰动全国的同行 PK，与快的、大黄蜂在上海之战、滴滴与快的之战……这些同行 PK，说白了就是烧钱，谁钱多就越能吸引用户。

2015 年 2 月，滴滴与快的合并。2016 年 8 月 1 日，滴滴成功收购优步的中国区全部资产。2017 年 2 月，美团打车业务开始试水。2018 年 3 月 21 日，美团打车正式登陆上海，首日订单量即突破 15 万单，“美滴之战”打响。2018 年 3 月 27 日，高德地图宣布推出顺风车业务。2018 年 3 月 28 日，携程旗下的携程专车正式获得网约车牌照，意味着携程专车可在全国范围内提供网约车服务。2018 年 5 月 6 日，郑州空姐遇害事件引发全国热议，滴滴作为事故发生平台承受了巨大压力。

对于滴滴来说，旧敌未去，新敌又来，商场如战场，这是一场没有硝烟的战斗。敌人和朋友是可以相互转换的，最大的敌人可以成为朋友，最好的朋友也可能演变成为最大的敌人。丘吉尔曾指出，“没有永远的朋友，也没有永远的敌人，只有永恒的利益。”在此是最为恰如其分的注解。

三、 王刚 2012 年投资的 70 万元变成了 70 亿元

2018 年 4 月 5 日，滴滴引进了新的战略投资者。这次的投资方是韩国未来资产金融集团（Mirae Asset Financial Group），融资金额

为26480万美元。现在滴滴的估值是多少呢？王刚能赚多少？我们简单算一算便知道王刚到底赚了多少钱。

王刚投了滴滴70万元占股40%，但经过很多轮风投入股，王刚40%的股份被稀释得不少，按香港媒体给出的滴滴估值550亿美元计算，王刚肯定没有赚550×40% =220（亿美元）。目前的说法是，王刚投70万元变成了70亿元，1万倍的回报。滴滴的融资情况见表6-1。

表6-1 滴滴融资情况统计

融资时间	融资轮次	融资金额	投资方
2012年7月1日	天使轮	70万元人民币	王刚
2012年9月1日	A轮	300万美元	金沙江创投
2013年4月1日	B轮	1500万美元	腾讯、经纬中国
2014年1月1日	C轮	10000万美元	中信产业基金、腾讯
2014年12月10日	D轮	70000万美元	淡马锡、DST、腾讯、GGV Capital
2015年1月1日	D轮	未披露	高瓴资本、红杉资本中国、国新基金、正心谷创新资本
2015年5月27日	E轮	14200万美元	新浪微博基金
2015年7月7日	F轮	200000万美元	中投公司、平安创投、阿里巴巴、腾讯、淡马锡、Capital Group
2016年2月24日	后期阶段	10000万美元	北汽产业投资基金、中投公司、中金甲子、中信资本、赛林资本、鼎晖资本、春华资本、招商银行、民航股权投资基金、平安创新投资基金
2016年6月16日	后期阶段	450000万美元	Apple、中国人寿、蚂蚁金服、腾讯、阿里巴巴、招行、软银等
2016年8月15日	后期阶段	未披露	中国邮政

（续）

融资时间	融资轮次	融资金额	投资方
2016年9月1日	后期阶段	11990万美元	富士康
2017年4月28日	后期阶段	550000万美元	交通银行、软银中国、银湖资本、招商银行、SilverLake
2017年12月21日	后期阶段	400000万美元	Mubada Investment Company、软银
2018年4月5日	战略投资	26480万美元	韩国未来资产金融集团
2018年5月10日	战略投资	未披露	软银愿景基金
2018年7月17日	战略投资	50000万美元	Booking Holdings

滴滴是王刚做天使投资投的第一个项目，滴滴打车软件是他和程维碰撞并决定的。据王刚介绍，当时选择滴滴打车软件的原因主要有3个：一是在中国打车难，这是大众主流的刚性需求；二是国外有类似的模式，比如美国优步；三是随着移动互联网时代的到来，手机定位距离的属性变得越来越重要。滴滴一路走来，第一步靠商务拓展起家，第二步逐步提升产品，第三步强化运营，后来高度关注核心技术，到现在专注打造大数据的运维能力，并依托公司先进的文化制度，不断适应外部环境的变化，赢得持续的竞争力。

王刚在投资滴滴后参与了大量投后管理工作，积极帮助程维融入资金，对接投资人，引进高端人才，并懂得付出和让步。比如，在2016年5月，苹果投资10亿美元进入滴滴时，需要一个董事席位。程维从公司大局角度考虑，不想增加董事会席位，因此，需要有其他董事把席位让出来。程维找王刚商谈董事会席位的问题，让其让出这一票。后来，王刚大度地让出了自己的董事会席位。这也是在本案例开头所交代的：王刚是北京小桔科技有限公司的股东而非董事。就这样，王刚退出了自己发起公司的董事会。

投资本身是一件有风险的事，谁也无法预知滴滴能发展得这么成功。滴滴的成功，也再次证明了王刚有着一个投资者所具备的专业品质——相信合伙人、信念坚定、具备果敢的投资目光以及找准解决全社会痛点问题的路径。

创业中遇到的挫折会比你预想的多，然而即使是挫折也是幸福的。这是你蜕变的条件。没有对公司愿景的梦想能力，你就不可能做出伟大的公司；没有对美好生活的梦想能力，你就不可能升级你的生活。

创业，就是要从自己的差异化资源着手，找到最适合自己的路。这其实就是独立思考，既需要脑力，也需要心力。作为创业者，不但要经验丰富，而且要悟性高，找到适合自己的商业模式，否则，你会强化自己的错误，离做成事和成功就会越来越远。那什么样的商业模式是对的呢？作为著名的天使投资人，王刚说："通过收钱去验证你自己的商业模式。"

小结

投资就像干革命一样。干革命不易，做投资也不是那么容易，真正能成功最终上市的创投企业，比例仅为15%左右。

1999年，雷军拒绝马云，也拒绝了一个阿里巴巴帝国；2004年，张瑞敏拒绝马化腾，也拒绝了一个腾讯帝国；2002年，孙正义投资阿里巴巴2000万美元，收获580亿美元；2012年，王刚投资滴滴70万元，收获了70亿元。这一切的一切，差的不是机遇，而是眼光和魄力！

这里不得不提到的是人才之战。柳青加入滴滴，无疑如同当年的蔡崇信加入阿里巴巴，马云与蔡崇信的组合是绝配，那柳青与程维的组合也是绝配。创业没有速成班，在创业的道路上，任何企业都会经历冬天，遇到挫折和麻烦，毕竟成功都是熬出来的，心态决定我们的行为，没有好的心态，最好远离创业，远离股权投资。

正如王刚所言，“伟大的公司第一天都是从梦想开始的，后来都回归成做生意。活下去，你才有可能等到成为伟大的那一天。”那怎么活下去呢？去赚钱！全公司去赚钱！全公司去赚每一分钱！唯有不乱于心，方能不畏将来。不断学习，保持梦想，追求卓越。资本总是关注那些待开的花朵，少有人愿意等铁树开花，但王刚投资滴滴却做到了。如今的滴滴，已经是绿树成洲，繁花似锦。

第七堂课　股权信托

第一节　荆棘与坦途

一、 股权信托的星星之火

一提到赫赫有名的洛克菲勒家族，总会令人联想到这个大家族是如何将财富顺利延续到第六代的。

19 世纪下半叶，约翰 · D · 洛克菲勒（John D. Rockefeller）创办了美孚石油公司。1859 年，老约翰敏锐地从宾夕法尼亚州打出的第一口油井里嗅出了石油的潜力，在此后石油繁荣的年代，他又创办了标准石油公司。1937 年，老约翰与世长辞，留下了外界估值达 14 亿美元的财富。

公开资料显示，1934 年，小洛克菲勒作为委托人，在他 60 岁的时候第一次设立了家族信托，受托人是大通国民银行，受益人为妻子和6个孩子。之后，在1952年他78岁时又为孙辈们设立了信托，受托人是 Fidelity Union Trust。

我们可以从1974年洛克菲勒家族提供给政府的一份文件中看到，当时信托的总资产价值为7亿美元，包括1934年的6亿美元资产及1952年的1亿美元资产，其中股票资产占90%。从持股情况中可以看出，受托人对信托资产进行了分散化的投资，但石油资产仍然占股票资产的44%。

家族信托是有效传承企业股权的工具之一。从公开资料来看，小洛克菲勒在1934年的信托是通过公司的股票和房地产设立的。股权作为信托财产，会登记在受托人的名下，家族成员仅作为信托的受益人享受信托的分配，后代无法将这些股权进行分割。这保证了股权的完整性，避免失去对公司控制权的风险。

股权作为现代企业制度和资本市场的产物，是社会财富的一种重要类型。当前，股权信托已成为发达国家的重要种类，并成为企业融资以及个人财富保护与财富传承的重要方式。

我国股权信托从国外引入国内，在本土化的过程中遇到了不少挫折。直到2016年，银监会才明确了信托的八大业务，即按照资金运用方式兼顾资金来源将其划分为债券信托、股权信托、标品信托、同业信托、财产信托、资产证券化信托、公益（慈善）信托、事务信托。

股权信托属于信托公司的创新型业务。不同于在二级市场上的股票交易，股权信托是指投资于非上市的各类企业法人和经济主体的股权类产品。和传统业务相比，股权信托算是一种另类投资。在摸着石头过河的初期，股权业务被看成一种以资源为导向的机会型业务。起初，只有少数信托公司试水股权信托。不过，大多数信托公司还是将精力集中在传统业务上。

和任何创新业务一样，股权信托刚兴起时，存在诸多不规范的地方。近年来，银监会（2018 年更名为银保监会）曾多次发文件规范股权信托业务。有意思的是，从文件规范的内容上，可以看出信托公司探索股权信托的步子在逐步扩大。

2008 年银监会下发《中国银监会关于印发〈信托公司私人股权投资信托业务操作指引〉的通知》（银监发〔2008〕45 号），鼓励和规范信托公司股权投资业务发展以来。随后，探索股权信托业务的信托公司逐渐增多。

业绩突出的团队也开始崭露头角。从下面一组数据可略窥一二。

据理财周报零售银行实验室统计，2010 年股权投资信托主动管理项目加权平均实际年化收益率最高的为国联信托 174. 19%；苏州信托和湖南信托以 75. 53% 和 69. 39% 的加权平均实际年化收益率分列第二、三位。而中信信托、平安信托、中融信托的该项数据仅为 11. 15%、17. 91% 和 6. 54%。

2010 年，国联信托跑赢了其他同行。但是，国投信托的股权投资团队就没那么幸运了，－13. 78% 的业绩令其排在行业末位。

高收益伴随着高风险。股权信托最大的风险是被投公司的成长性风险，也就是产业风险。比如，行业选得准不准，对未来看得准不准，对团队投得准不准等。

股权信托业务的推进没有监管部门预想得顺利。信托公司受到专业团队、风控文化、激励机制、投资者群体特性、退出渠道不畅等因素的限制，股权投资业务并没有真正发展起来。

在2009年以前，信托公司运用固有资金进行股权投资，仅限定为金融类公司的股权投资。2009年，银监会发布《关于调整部分信贷监管政策促进经济稳健发展的通知》，“支持符合一定监管评级要求、货币性资产充足的信托公司以固有资产独立从事私募股权投资业务”，投资额度上限为净资产的20%。此次政策的调整，进一步拓宽了信托公司固有资金的投资范围，也意味着监管层进一步鼓励信托公司独立从事私募股权投资业务。

尽管监管部门一直鼓励信托公司将股权信托业务打造成新的利润增长点。但是只有当信托公司切身感受到不得不转型时，才开始重视股权投资业务。很大一部分原因是2014年的市场环境使得债权信托业务面临多重压力，部分信托公司开始将股权投资业务作为转型重点方向着力推进。

2014年4月，银监会办公厅发布《关于信托公司风险监管的指导意见》(银监办发〔2014〕99号)，明确提出要“大力发展真正的股权投资，支持符合条件的信托公司设立直接投资专业子公司。”自此，设立专业子公司受到信托公司的关注。

比如，中信信托于2012年成立了子公司中信聚信，重点涉足文化、航空航天等行业。另外，兴业信托、上海信托等也都设立了子公司。

监管部门的鼓励仍在持续。在2016年12月召开的信托业年会上，监管层更是鼓励信托公司用投行的方式做股权信托，鼓励投贷联动。同时，也明确要严格监管名股实债、假股真债、期限错配、信用转换等现象。鼓励归鼓励，监管归监管。股权信托若想健康长久地发展，还必须要走合规之路。

二、 股权信托的优势

据中国信托业协会调研，2016年，部分信托公司经过近几年的探索和发展，股权投资类信托存续规模已超百亿元，收益与利润贡献均可观。部分信托公司的股权信托业务采取专业化、基金化策略运作，投资领域涵盖天使投资、新三板股权投资、Pre－IPO股权投资、与上市公司合作的并购重组业务等。不过，大部分信托公司对于股权投资业务仍处于观望期，业已开展的股权投资信托业务仍以机会型业务为主，仍然有部分信托公司尚未开展股权信托业务。

为什么仍有部分信托公司对股权信托无动于衷呢？在我看来，最重要的原因是管理理念。一直以来，信托公司的核心业务以债权业务为主，其擅长的风控机制、评审标准也属于债权性质。而债权的投资理念和股权是有很大区别。

债权信托是信托公司做得比较多的一项业务，也是一种固定收益类产品。债权信托的盈利来源是利息收入，即让渡一定时间的资金使用权所获得的资金占用成本。一般债权信托项目的投资期限为

1～2年，而股权信托项目的投资期限通常则长达3～7年。对于信托这类持有金融牌照的机构，从考核的角度来看，也倾向于从事短周期的项目。

股权信托的盈利模式是从股权的增值上获取收益。委托方获得浮动收益，委托方应是合格投资者，要有风险承担能力。

与债权信托相比，股权信托有三大优势：

第一，项目参与和管理、监督有明显优势。在股权投资，受托人一般能够向股权投资对象派出董事、监事，深度影响公司的战略，并监督公司的日常运营，而债权信托做不到。

第二，在优质项目中投资回报更高。在理论上股权投资的收益上不封顶，如果所投资的企业经营状况良好或实现上市，其收益将会远远超过债权模式。当然，高收益的同时是高风险，若所投资的企业经营不善，则可能面临较大损失，而且在清偿顺序上股权劣后于债权。

第三，可以实现对分散股权的集中管理。受托人可以将不同委托人的股权集中管理，既很好地维护中小股东的权利，又有利于提高公司的决策效率，债权信托则无此功能。

不容忽视的是，目前股权投资的环境发生了改变。2015年，VC、PE非常火爆，遍地都是风投机构，到处都是股权融资。一方面是因为政府号召的“大众创业、万众创新”形成的社会基础；另一方面是由于资本市场火爆，股市高涨，上市公司并购重组很多，而且发审委的标准也较低。

不过，现在并购重组通过率低，IPO 通过率只有 30% ～40%，投资股权的机构数量在逐渐减少。如果投资的股权项目无法退出，相当于砸在自己手中。理性的投资者都会考量其中的利弊与风险。

三、股权信托 3 种模式

由于股权信托兼具投资、融资和管理等职能，从信托行业的实践和探索来看，股权信托主要分为股权投资信托、股权融资信托、股权管理信托 3 种模式。

1. 股权投资信托

即使用委托人的信托资金投资公司股权。它可能会实现较高收益，但同时要求信托公司本身具有较高的投资管理水平，能够有效控制风险。根据委托人（受益人）的风险收益偏好，受托人可以设计不同风险收益组合的股权投资信托产品，如深国投为小额资金投资者投资创业企业组合创设的创业投资集合资金信托计划。这类信托产品的难点在于股权变现退出难以保障，对受托人项目遴选、投后管理、风控要求较高。

股权信托产品属于高风险、高收益性质的理财产品，要求投资人具有较高的风险承受能力和风险识别能力。为了保障信托投资者的利益，信托公司除精选合作方、投资领域、交易对手之外，在产品形态上也往往采取较为保守的设计，尤其是“基础收益＋超额收益”的收益率形式，已成为现阶段股权信托产品的典型现实选择。换而言之，产品发行仍是掣肘股权信托业务发展的一个重要方面。

2. 股权融资信托

股权融资信托大致可以区分为4种情况：

一是委托人先将持有的公司股权委托信托机构设立股权信托，然后再将股权信托受益权向社会投资者进行转让，从而实现融资的职能。

二是为了避免股权过户，委托人将股权收益权设立信托，然后再将股权收益权信托受益权向社会投资者进行转让，以股权质押实现风险控制。

三是信托公司设立股权投资信托，由第三方到期回购股权来实现受益人的收益。典型案例如中国葛洲坝集团股份有限公司的控股子公司股权信托融资案与杭州工商信托的浙江水泥有限公司股权投资资金信托计划。

四是设立股权投资信托，信托期间届满时由关联方回购股权实现受益人收益。

为了进一步加强对股权投资对象（企业）的控制力，受益人设计成优先和劣后两种形式，股权投资对象的关联方成为劣后受益人，从而放大了信托公司对股权投资对象的控制力。

3. 股权管理信托

在股权管理信托中，委托人设立信托的目的往往是实现委托人对于股权的一种特殊管理目的，主要用于家族财富传承或者根据委托人的要求提供一些衍生的股权管理和服务职能，如帮助协调委托人之间或者委托人与其他股东之间的关系，代理委托人出任公司董事、参与公司管理等。

值得注意的是，股权信托方式为职工持股计划提供了一种新思路。近年来，职工持股信托业务得到了较大发展，解决了公司治理结构和员工持股的需求。例如，2005 年 6 月，某公司承办的淮南矿业集团公司辅业改制全员信托持股项目，该项目通过信托方式解决了近万名职工的规范持股问题。

四、股权信托的特点

股权信托与近年来风生水起的私人股权投资基金有很多相近之处。私人股权投资基金，是指主要投资于“私人股权”，即企业非公开发行和交易股权的投资基金。私人股权包括未上市企业和上市企业公开发行和交易的普通股、依法可转换为普通股的优先股和可转换债券。私人股权投资基金的运作流程是其实现资本增值的全过程。而它的运作可分为 4 个阶段：募资、投资、管理和退出。

私人股权投资基金被称为“耐心的资本”，也是“价值增值型”投资。股权信托和私人股权投资基金一样，具有投资期限长、流动性较差、投后管理投入资源多、专业性强、投资收益波动性较大等特点。参照私人股权投资基金的特点，设立股权信托需要考虑以下 3 个因素。

1. 投资期限较长

股权信托通常需要 3 ~ 7 年甚至更长时间才能完成“募、投、管、退” 4 个阶段的全部流程。

2. 投资运作专业性要求较高

由于股权信托业务的收益最终来自于投资标的价值的提升，因此对被投企业的业务、市场和管理团队的了解程度、对产业的理解程度、对被投企业的业绩提升和管理提升的帮助，以及如何运用金融工具实现“募、投、管、退”，关系到最终的投资收益。股权信托业务体现出较明显的智力和资源密集型特征，既需要专业的金融知识、行业产业知识、管理经验，又需要广泛的资源整合。同时，也需要信托公司对行业、产业和经济周期有着深刻的把握。

3. 培养和积累专业人才

由于不同类型的信托投资产品在交易方案设计、风险要点、进入退出阶段、涉及的法律法规、税收政策、交易程序等方面各不相同，较之于传统的股权、债权投资更加复杂，因此需要信托公司拥有专业化的人才队伍才能够支持这类业务的开展。

五、 取真经， 要经历四重考验

近年来，我国股权信托的规模发展非常迅速，从制度引进、创设开始迈入高速发展阶段，但这一阶段也是面临四大问题。

一是有些项目与设立股权信托的宗旨不符，很多时候成为政策规避的工具。股权信托制度创设的主要目的，一是财富保护或财富传承，二是解决企业融资难题或优化企业管理。但现阶段我国股权信托主要以解决企业融资为目的，且多数成为规避宏观调控和金融管理的工具。

二是委托人不成熟与受托人不规范并存。股权信托本是一种高收益高风险的投资方式，但由于信托制度在我国建立的时间很短，投资人的风险意识高，信托机构运行也欠规范，“保底条款”“刚性兑付”情况大量存在。

三是信托立法及配套制度严重滞后。与信托业的高速发展形成明显反差，《中华人民共和国信托法》的规定过于笼统，且适用范围较窄，相关配套法律制度更是严重缺失，如股权信托的登记、公示制度、信息披露制度等。

四是政策限制。这主要体现在信托计划不能作为 IPO 发起人，信托计划直接参与拟通过 IPO 退出的股权投资存在障碍。此外，信托计划持股拟挂牌新三板企业存在劣势，信托计划直接投资拟挂牌新三板企业可能存在股份还原至实际股东的劣势。

不得不说，股权信托在我国要实现真正发展成熟，还要经历几番磨难。这对于股权信托业务团队而言是一个不小的考验和挑战。

第二节　财富传承的新钥匙

一、 肯尼迪家族的财富经

家族企业的传承问题一直是一个世界性难题。据国外的研究表明，有 30% 的家族企业能传到下一代，延续到第三代的只有 12%，而到第四代及第四代以后还在经营的只剩下 3%。如何让家族财富顺利延续，这是摆在大家族面前的一大难题。

肯尼迪家族的代表帕特里克・肯尼迪曾对媒体讲述他的祖父约瑟夫・P・肯尼迪传承家族财富的故事：

20 世纪 20 年代，约瑟夫・P・肯尼迪开始投资股市。他凭借聪明的头脑和犀利的眼光，在 1929 年纽约股票市场崩盘前退出股市。在股市中及时抽身，让他赚了不少。随后，美国率先爆发了经济危机，并且开始蔓延。危机之前，美国资本市场尤其是股票市场的法律政策和监管制度都不完善。股市崩溃之后，为了重振美国股市，罗斯福总统任命约瑟夫・P・肯尼迪参与制订股市规则，他成为第一任 SEC（美国证券交易委员会）主席。

"鉴于肯尼迪家族非常有政治背景，从政者都需要经济上的支持，所以约瑟夫・P・肯尼迪设立了家族办公室，考虑如何为全家族的运营活动赚钱。"帕特里克・肯尼迪回忆道。除了投资不动产，约瑟夫・P・肯尼迪另一个重要方式是通过信托使家族的财富不断地进行积累。

据资料显示，针对美国公民和居民，2016 年美国联邦的遗产税和赠与税合计的免税额为 545 万美元，最高税率为 40%。每年根据 CPI 的增长，起征点还会提高。如果资产在 545 万美元以上 1000 万美元以下，可以通过美国的人寿保险解决避税问题；如果资产超过了 1000 万美元，可以考虑通过家族信托的方式合理避税，同时还能避免离婚等家庭风险。

在英美法系国家，信托成为财富传承规划中最为重要的管理工具，是维系私人财富稳定过渡的有效机制。通过信托有效地传承理念和紧锁股权，不仅可以规避遗嘱认证程序和高额的遗产税，而且可以达到委托人过世以后其管理和分配财产的指令仍然能够得以延续执行的效果。肯尼迪、洛克菲勒等老牌家族早已采用信托方式使其家族财富得以代代相传和实现家族企业的基业长青，而目前财富500强公司也有不少公司采取家族信托的形式持有股份，如沃尔玛、希尔顿、福特等。

二、富豪默多克用股权信托保卫财产

2015福布斯全球亿万富豪榜排名显示，世界报业大亨、新闻集团总裁鲁伯特·默多克（Rupert Murdoch）拥有个人资产约139亿美元。

他有三任妻子，每一次婚姻的破裂，都伴随着财产分割。默多克是用什么方式，让自己的6个孩子顺利继承他的庞大财富呢？答案就是股权信托。

不过，故事有些曲折。由于当时未曾设立家族信托，1999年默多克在与第二任妻子安娜·托芙时离婚时，默多克分给她17亿美元。此后，默多克成立了家族信托。

据英国《金融时报》报道，2007年2月，默多克家族信托（the MUrdoch Family Trust）将它持有的2600万股新闻集团的A股股票平均分给了默多克的6个孩子（包括邓文迪为其所生的2个女儿），这些股票当时的市值约6亿美元。但是由于A股股票没有投票权，且被放入了信托，这些财产分到子女手中只能享受收益，不能介入公司运营。

这类家族信托最大的优势是：信托公司成为家族股份的法定持有人，而家庭成员拥有受益权和监督权，但没有所有权。家庭成员的任何变故或者分立都不会带来家族企业股权的转让或者分割，也不会直接影响企业的营运管理。

在与邓文迪的离婚案中，家族信托帮助默多克达到了两个重要目的：第一，身为父亲的他通过信托把财产分到两个最年幼的女儿手中，给他们受益权，尽到了抚养子女的义务。他的两个女儿虽然可定期领取所安排的分红，但无权处置信托财产，从而保护了企业和家族财产。第二，信托为邓文迪插手新闻集团业务设置了防火墙。由于信托财产不属于默多克个人所拥有，也非婚姻共同财产，即使和邓文迪离婚也不会直接导致股权之争，影响新闻集团的运营。

三、我国“创一代”的接班人

无独有偶，我国台湾地区的前首富台塑集团创办人王永庆也非常善于用信托来分配自己的财富。据媒体报道，2001—2005 年，王永庆陆续将自己所拥有的海外部分股权和相关财产设立了海外信托。越来越多的富人正尝试着把自己创造的财富，通过信托的方式来管理财富、传承财富。

2018 年 6 月 27 日，72 岁的福耀玻璃董事长曹德旺宣布，其子曹晖将成为这家全球规模最大的汽车玻璃专业供应商的接班人。在

2006年9月—2015年7月，曹晖曾出任福耀玻璃总经理，但此后因“希望专注于其他商业事务”而辞去了总经理一职。因此，外界一直认为曹晖不愿接班。

据国内的研究表明，中国民营企业有90%属于家族企业，55岁左右的中国家族企业主近300万人，“创一代”大多数已经进入家业交替的历史时期。这意味着，未来5～10年，有近300万家族企业将迎来交接班倒计时，有200多万家族企业将面临传承危机。

值得一提的是，1982年，我国将计划生育定为国策。不少“创一代”的后代多是独生子女。有调查显示，多达八成的中国企业家子女“不愿或不主动接班”。这些都是摆在中国民营企业家面前的严峻事实。

与西方国家一样，家族信托对财产传承和企业控股权管理的作用日益受到民营企业家的重视，其中股权信托最为关键。

那么，股权信托如何帮助一个家族传承财富呢？

首先，股权信托可以通过将家族企业股权锁定在信托中来维护公司股权的控制力，防止不合格股东进入企业，保证股权结构的稳定和企业的传承。家族信托更可以通过“定制化”条款设置，达到激励和约束收益人的目的，培养出合格的家族企业接班人。

其次，可以通过设立股权信托避免离婚、企业破产等事件对企业资产、经营造成影响或个人财产成为债务偿还对象，很大程度上起到“定纷止争”的作用。

第三，家族股权信托可以严格保密相关信息。受托人拥有信托资产的所有权，一般情况下，委托人不得对外披露信托资产的运营和收益情况。信托计划亦无须向任何政府机构登记，也不公开供公众人士查询。

第四，在国外，股权信托也是实现家族企业纳税筹划的重要手段。在有遗产税的国家，通过家族信托，委托人在去世前已将财产委托于第三方，完成了财产的转移，并避免了遗产认证的过程。因此，通过设立永久存续的信托可以妥善解决多代传承的纳税问题。委托人将企业所有权转让给信托公司，只保留控制权，还可规避营业税、个人所得税等。尤其是通过在离岸地设置信托架构可以有效规避来自企业营业地法域的税收。

第五，参与社会慈善并使家族成员永久受益。企业捐赠其所持股权而成立慈善信托，相较于更为常见的捐款、捐物，可以让家族和家族企业真正介入慈善事业的运作和管理，能够更好地满足家族从事慈善事业的需求并获得相应报酬。因为慈善信托下企业股权不得或不易转让，对家族长期控制企业起到关键性的作用。

不得不说，股权信托是家族财富的传承的一个重要工具和手段。随着人们对股权信托的认识不断增加，相信它会在中国有广阔的发展空间。

第三节　股权信托助力供给侧结构性改革

一、价值投资理论过时了吗

“如果你能遵守买股票就是买公司、市场先生理论和安全边际原则，你就能够获得不错的投资收益。”华尔街教父本杰明·格雷厄姆曾经这样教导他的学生。

价值投资就是用远低于公司内在价值的价格购买该公司的股票。简单来说，就是用50美分买入价值1元的东西。“股票市场短期是一个投票机，从长期来说，却是一个称重器。”本杰明·格雷厄姆提出了影响无数投资者的价值投资理论。他著名的“安全边际”论断，在不少激进者看来过于保守。的确，世界变了，当年深入人心的价值投资理念是否依然岿然不动？

业内有人曾戏称：“如果过去20年里某个投资人遵循了价值投资的原则，他在股票市场的投资有可能是零回报。同时，在私募投资领域，如果遵循价值投资原则，他会错过中国所有高增长的公司，包括腾讯、百度、京东等。”

随着大数据、云计算、物联网、人工智能、区块链等新技术不断涌现，数字革命的浪潮不断冲击和改变我们的固有思维。尤其是当进入网络时代和移动互联时代，曾经一成不变的规律或规则正在慢慢被打破。本杰明·格雷厄姆曾说：“我事实上真正感兴趣的仅仅是其中用直观而且确凿的方式呈现的那一部分，从盈利能力开始，到资产负债为止。”沃伦·巴菲特在谈到来自老师格雷厄姆的训练时说有3件重要的事：正确的态度、安全边际的重要性、内在价值。

在新技术向各个产业不断渗透的过程中，有些规则也在慢慢被侵蚀或被打破。举例来说，京东是一家典型的企业，连续17年亏损，直到2016年营收突破2600亿元，净利润才达到10亿元。它在连年亏损的情况下，股票的市值却不断上升。也许在价值投资者眼中，一个常年亏损的公司称不上是内在价值高的公司。那么，京东市值屡创新高又如何解释呢？

格雷厄姆曾说：“我面向过去，背对未来，从来不做预测。”按照他的逻辑，他应该不会投资京东这类公司。也许未来打破价值投资理论的公司会越来越多，当越来越多的京东出现时，人们或许将越来越看重一个公司的市值，即便它偏离了内在价值。也许在新的时代背景下，价值投资的理论也应该用新的内涵来书写。

二、 信托如何助力供给侧结构性改革

无论是各行业还是监管部门都希望金融机构能够助力实体经济发展，尤其是在供给侧结构性改革上能发挥更大的作用。

2017年，《信托登记管理办法》出台，信托业正式建立了统一登记制度，市场规范化和透明度大大提升。与此同时，各项监管政策对房地产信托、政信合作业务、通道业务产生较大影响，相应的业务得到进一步规范。为此，在增强公司抗风险能力下，多数信托

公司进一步谋求业务转型和创新发展。

在此背景下，各信托公司在信托业务回归本源的方针指引下，积极开展转型性业务。伴随中国产业结构的转变和消费模式的变化，各信托公司推陈出新，推出多种与实体经济需求和本源要求相适应的信托业务，如股权信托、资产证券化、产业基金、消费信托、慈善信托、绿色信托等，进一步提升了信托公司的主动管理能力。而信托公司开展股权信托业务是为其顺利转型提供了一个重要抓手。

目前，我国金融市场上提供理财服务的主要有银行、信托、基金、保险、证券五大机构。从法律关系来看，市场上理财产品的法律关系主要为委托、借贷和泛信托关系，其中泛信托关系的应用范围最广。常见的银行理财、公募基金、私募基金、券商资管计划等都是在泛信托关系下的理财产品。

股权信托制度的优势与灵活性使其在助推金融供给侧改革方面具有重要作用，尤其在国有企业产权制度改革、股权结构的完善、激励约束机制的建立以及公司重组并购等方面，股权管理信托均大有可为。所有者虚位和国企经营者的信托责任缺失是国资改革有待破解的两个重要问题，而实施国有股权管理信托就是一个有效的解决方式，特别是职工持股信托可以很好地满足为改善公司治理结构而实施员工持股的战略需求。

三、 股权信托涌入新兴产业

过去一段时间里，部分信托资金投向基础设施建设、房地产业和传统制造业，但其支持实体经济的质效与供给侧结构性改革的要求相比还存在一定差距。随着供给侧改革的推进，产能过剩的传统制造业受到巨大冲击，已经不能承担支柱性产业的职责。同时，房地产市场迎来严厉调控，监管明确提出要抑制产业泡沫，房地产政策由经济政策转为民生政策，其支柱性产业职责也逐渐淡化。信托要回归服务实体经济，实现长足发展，应将眼光投向未来的支柱性产业，包括战略性新兴产业、现代服务业和现代制造业等。

当前，新能源、新材料、生命工程、信息技术、移动互联网、节能环保、新能源汽车、人工智能和高端装备制造等新兴领域越来越焕发生机和活力，有洞察力的企业家会从中发现无限的商机。未来信托行业若想在上述产业中深耕，需要对项目开拓、管理流程、风控标准、投资形式等进行有效设计，在服务实体经济的，同时实现信托业转型发展，可谓“一箭双雕”。

事实上，信托公司在新兴领域的股权投资布局也已有所进展。比如，中融信托聚焦发展前景好、有较大市场空间的文化产业、新能源、智能制造、医疗健康等国家战略性新兴产业，精选行业中具有一定的地位、成长性较高的优势企业进行股权投资。

再如，安信信托 2016 年以股权信托形式投资了物流领域，与普洛斯合作，设立安信 · 创赢普洛斯义乌物流园股权投资集合资金信托计划，在浙江义乌投资建设了 17 万平方米的仓储物流场所，由普洛斯进行经营管理。

还有，中建投信托 2016 年设立中建投—滴滴出行股权投资集合信托计划，对滴滴出行公司进行股权投资；设立中建投信托·涌泉59号（锦江环保产业基金）集合资金信托计划，以产业基金形式投资环保领域。中航信托2016年发行“天启（2016）182号数据信托”，投向为特定数据使用权；发行“天启968号农商宝项目投资集合资金信托计划”，参与“农商宝”平台的股权投资，支持农业与电子商务结合的新兴产业。

未来，随着股权信托的成功案例越来越丰富，信托公司将走出一条具有中国特色的股权信托之路。

案例：葛洲坝股权信托

一、案例由来

据人民网报道，2015年10月下旬，葛洲坝集团以总价近50亿元拿下北京丰台区樊家村地块。由于樊家村地块楼面价最终达到7.5万元/平方米，创下北京经营性用地出让有史以来最高单价记录，葛洲坝集团也因此而名噪京城。

据葛洲坝集团2015年中报披露，集团旗下的地产业务平台——中国葛洲坝集团房地产开发有限公司（以下简称中国葛洲坝地产）在北京已有4个项目，其中包括与方兴地产合作的亦庄项目、与龙湖地产合作的西局项目、与绿城集团合作的通州项目，以及其独立操盘的北京紫郡府项目。

据以往的报道，在2015年上半年，葛洲坝集团向4个北京项目当期投入资金达到了6.1亿元，而累计投入资金则达到了91.4亿元。

看到这里，让人不禁感慨：“这样的大手笔，钱从哪儿来?”经过分析不难看出，葛洲坝集团对信托融资十分青睐，并且驾轻就熟。

早在2010年，葛洲坝集团为旗下地产业务平台葛洲坝（北京）实业有限公司通过引入中融信托这一战略合作者，成功引进资金总额达到了15亿元。

葛洲坝（北京）实业有限公司在引入中融信托之前，公司注册资本1亿元，其中葛洲坝集团和中国葛洲坝地产分别出资3000万元和7000万元。

在中融信托进入葛洲坝（北京）实业有限公司之后，中融信托在公司内的持股比例达到了75%，成为最大股东。不过，葛洲坝集团并未披露引入中融信托的资金成本以及存续期限。

3年后，中融信托按合约退出，其3亿元出资转由中国葛洲坝地产接手。葛洲坝集团又及时地为其找到融资方——平安信托。

2013年，中国葛洲坝地产与平安信托达成融资合作共识，前者以股权信托的方式融资了150000万元，期限3年；信托存续期间，平安信托公司并不参与中国葛洲坝地产的具体经营管理和分红；期限届满之日，葛洲坝集团回购平安信托持有的股权，股权信托计划终止。由于存在回购条款，并且平安信托并不参与公司的日常经营。

这就是中国葛洲坝地产股权信托案例的由来。

二、 案例分析

大部分业内人士认为，该股权信托案例属于一种明股实债的投资方式。原因在于信托期限届满之日，委托人回购平安信托持有的股权，股权回购款为投资款本金 150000 万元及未支付完毕的股权信托资金报酬，且葛洲坝集团对本公司股权回购提供担保。

明股实债，表面上是股权投资，实际是双方通过抽屉协议写明仅持有股份、分享收益，实质上并不参与管理，且在特定时间内另一方需无条件按约定价格或条件转让或回购部分股权。也就是说，此类投资回报不与被投资企业的经营业绩挂钩，不是按企业的投资效益进行分配，也不是按投资者的股份份额取得回报，是一种投资者没有或很少承担投资风险的投资。

明股实债是一种规避金融监管的方式，因此面临较大的法律风险，其法律地位尚不明晰。在司法实践中，明股实债如被认定为股权投资，则投资人不能主张还本付息，得不到定期收益；如被认定为借贷，但因约定的收益未被作为利息处理，会以约定不明为由适用同期银行贷款利率或者存款利率，得不到预期收益。

三、 经验与教训

鉴于明股实债存在较大的法律风险和不确定性，行业人士认为，信托公司从事股权信托业务时，应回归股权信托制度的本业和本源。

此外，这类股权信托项目还需要特别关注的税收问题。2013 年 7 月，国家税务总局下发《关于企业混合性投资业务企业所得税处理问题的公告》（国家税务总局公告 2013 年第 41 号，业内称 41 号公告），首次对符合规定条件的明股实债业务的税务处理问题做出了规定。但在实务中，对明股实债如何处理仍然存在争议。

争议在于，虽然 41 号公告明确了混合性投资业务的税务处理问题，但是其要求的条件比较严格，并非所有的信托融资模式都能够适用 41 号公告。在上述案例中，股权约定由其股东葛洲坝集团回购，并不符合 41 号公告。这就需要纳税人与税务机关做充分沟通。值得注意的是，营改增扩围至金融业，也将对明股实债税务处理造成巨大影响，相关纳税人必须关注新政策的发布。事实上，投资人在面对此类名股实债资管产品时，应重点关注以下几点：

首先，观察项目的真实运营情况，考察基础资产质量，分析融资主体的切实还本付息能力。

其次，与资产管理机构沟通，力求简化交易结构、明确各个参与主体的责任与义务，尤其是要重点评估该类产品设计中交易层级和参与主体的增加是否有必要，以及是否起到了对冲风险和资产增值作用。科学评估回购方资质，分析公司的评级、资产构成、资产质量与偿债能力等，探究担保方的独立性，分析其是否与回购方、普通合伙人、劣后级有限合伙人等重合或有从属关系，并尽量增加资产抵质押在增信措施中的占比。

再次，分析交易结构能否设定对有限合伙人认购产品的独立回购，以及是否签署了无前提条件的不可撤销回购协议，以确保较强的增信力度。

最后，分析资产管理机构是否切实发挥了第一责任人的作用，对于项目运作和资金流向是否进行了主动管理和直接监督，以及不同层级的资产管理机构之间是否有成熟可行的协调机制。

小结

股权信托从最初从国外引入国内，从无到有地发展起来，经历了曲折与坎坷。这些宝贵的经验和教训，都是从业者一点点摸索出来的，他们勇于创新和探索的精神值得我们学习。

股权信托是实现家族传承的一个重要部分，希望越来越多的企业家能够重视它。正所谓“有需求才有市场”，强大的市场需求会倒逼信托机构改革，为市场提供更高效和高质量的服务，这样股权信托才能在中国牢牢扎根。从星星之火到燎原之势，也许只有一步之遥。

尽管股权信托在实际落地中还有待解的难题，比如信托立法及配套制度亟待建立、政策限制、有些业务不够规范等。不过我相信勇敢的探索者总能想到办法战胜它们。股权信托就像十多年前的电子商务一样，只有具有洞察力和勇于抓住先机的人，才能在这个领域独占鳌头。

跋

在本书收笔之际，可谓感触良多。尽管现在看来是一个“水到渠成，风来帆速”的状态，但是回顾首特的创业历程，股权大布局的探索、设计与践行却远非探囊取物一般。艰辛的历程带来不同的视野、韧性和胆识，这恰恰成为首特和我本人成长的一笔财富。

作为一名执业 16 年的律师，由于常年担任政府机关和企业的法律顾问，我经常会遇到组织架构、劳动人事的问题，自然对“顶层设计”一词烂熟于心。国家的顶层设计，关乎国家的兴衰成败；企业的顶层设计，关乎企业的生死存亡。顶层设计之所以如此关键，就在于其能够实现要素的统筹规划和资源的有效集中，从而高效快捷地达成目标。在经历了数千起错综复杂的商事纠纷、目睹了上千家大小企业的商海沉浮、见证了数百位企业精英的成长历程之后，我更加坚信，律师的使命不只是当下法律的践行者，更加应该是未来社会的引导者、顶层设计的推动者。

我们首特团队专注于股权布局的企业顶层设计，就是立足于企业发展的未来，为企业成长铺路，为事业发展奠基，为风险治理清障，为合规运营谋划。我们就是要通过法商思维，帮助中国的中小企业和民营企业打造具有良知的、有深度的股权架构和有温度的股权激励方案，以精密的法律结构支撑起企业的发展和腾飞。

股权布局是企业顶层设计中不容忽视的关键因素，其重要性不言而喻。合理的股权布局，可以让企业在激烈的竞争中脱颖而出，成为胜利者。作为企业家，他们既要低头干活，又要抬头看路。路，该走哪条，怎么走，走向哪里，这些问题就显得非常复杂，不是一两句话能够概括得了的。对于企业家而言，其实并不是路本身的问题，而是顶层设计的问题。顶层设计确定了，路的选择也就不至于愁眉不展了。企业顶层设计的着力点在于“设计”，这是如何为企业谋划发展的问题。中国的中小企业和民营企业的创始者、经营者、管理者，只有站在国家和民族的高度，企业才会有未来；只有打造好企业的命运共同体，才能挖掘企业发展的潜质；只有做好顶层设计和股权布局，企业才会基业长青。企业的经营一旦上升到股权布局层面，不仅仅是生意，还是社会责任和担当。

正是基于以上原因，我们首特团队在股权布局领域不断深耕。这本《股权大布局》凝聚了我们3年的研发历程。大道至简，《股权大布局》以“七堂课”的形式呈现在读者面前，这里的“七堂课”取自于《太平御览》中记载的女娲七日造人以及《圣经》中记载的上帝七日创世造人。神七日可以造人，我们七堂课也是要通过一个“再造”的过程，实现理念和行动上的质变。首特团队以“七堂课”

进行企业的股权布局，旨在强化企业对股权的认识，帮助企业做好股权架构，增强企业运用资本的能力。如果有创业者能够从中有所帮助和启发，那将是我们的极大的荣幸和动力。

这本书的产生经过了我与团队的促膝长谈、一起实践检验并不断挑战现状而产生。这恰恰印证了首特团队团结合作与股权激励的强大效能。首特团队股权大布局的创新之举以及本书的出版离不开团队成员的共同努力和诸多亲朋好友的支持。他们是：北京首特律师事务所栗晓勉律师、王红蕾律师、刘伟宁律师，《经济》杂志产业报道部黄芳芳主任，机械工业出版社康会欣编辑，中国中小企业协会培训部康继云主任、于弘副主任和会员部丛琳主任，天津工业大学高建东博士，贵州恒智伟业投资公司陈泳衫先生，青海豫海投资公司陈团结先生，北京金英杰集团赵鸿峰先生，河北航宇天诚公司李国良先生，山东银成智能公司王天林先生，还有我的学生北京化工大学公共管理硕士赵欣。尤其是我的姑祖母，在得知要出版书的消息后非常开心，鲐背之年的她不辞劳苦，欣然为我题写了“方圆定乾坤，舍得赢天下”的一组字。最后，我要特别感谢我的妻子，没有她的不辞辛劳的付出和默默的支持，目前的一切都是不可能的。正是你们对股权的理解和支持，对我们首特团队股权大布局理念的认同，才有了我们今天所取得的成绩。

未来，我们依然不忘初心，践行首特使命“让合伙更长久，让企业更值钱”！诚如海明威所言，“优于别人并不高贵，真正的高贵是优于过去的自己”。有诗云：“汝果欲学诗，工夫在诗外。”愿

《股权大布局》给您带来一个新的维度！

牢记使命，砥砺前行。

由于本人水平有限，恳请广大读者和各位专家批评指正。若有疑问或宝贵建议，请发电子邮件至：bjfclawyer@ 126. com ，或扫描下方的二维码：

方富贵

北京首特律师事务所主任

中国中小企业协会连锁经营股权研究中心主任

2019 年 1 月

致侄孙 方富贵

方圆定乾坤

舍得赢天下

二〇一九年九月 方家弥书于北京